修養是一種優質投資

人生書單 × 美的教育 × 價值意識，自我升級不靠外物，內涵是你的第一步

SELF
INVESTMENT

奧里森‧馬登　著

謝軍，譚艾菲　譯

一個人未必要學識淵博、成為一個領域的翹楚；
也不一定要富可敵國、一輩子衣食無憂才能算上人生勝利組，
比起學識、成就、地位，生而為人更重要的是你的「修養」！

獨立思考而言之有物、珍惜可貴的友情財富、擺脫社會制式束縛
如果這麼有內涵，生而為人就不必抱歉！

目錄

CONTENTS

第一章
如果你極擅口才

一個善於交談的人，擁有著能夠吸引大量聽眾的語言能力，只要開口說話便會吸引其他人，與那些見多識廣卻無法輕鬆自如地表達自己的思想的人相比擁有更大的優勢。

在查爾斯‧威廉‧艾略特（Charles William Eliot）擔任哈佛大學校長的時候，他曾說過，「我認為精神上的收穫是紳士淑女們所接受的教育中最必不可少的一部分，換句話說就是準確而優雅地使用自己的母語」。

除卻良好的交流能力，再沒有什麼其他的東西可以使我們給別人留下好印象，尤其是那些並不完全了解我們的人。

為了成為一名優秀的健談者，為了擁有能夠激發人們興趣的能力，就要用你那高超的談話技巧，牢牢鎖定住他人的注意力，自然而然地將他們吸引到你的身邊來，並且你的這種技巧必須凌駕於他人之上。它不僅僅能夠幫助你給陌生人留下美好的印象，同樣也能夠幫助你獲得友誼並且維繫下去。它有助於人們敞開心扉、傾心溝通。它會使你在任何場合下都顯得風趣幽默。它能助你一臂之力。它能夠給你帶來客戶、患者和顧客。它可以幫助你進入上流社會，即使你非常貧窮。

一個善於交談的人，擁有著能夠吸引大量聽眾的語言能力，只要開口說話便會吸引其他人，與那些見多識廣卻無法輕鬆自如地表達自己思想的人相比擁有更大的優勢。

無論你在其他技藝上有多麼專業，你都不可能隨時隨地使用這些技術專長，除非你擁有善於溝通交流的能力。如果你是一名音樂家，不管你是多麼有天賦，或者不管你已經花費了多少歲月用來完善你的藝術專長，或者不管這項事業讓你投入了多少金錢，相比之下，只有很少的人能夠聆聽到或者欣賞到你的音樂。

你可能是一名優秀的歌唱家，如果不善言辭，就算環遊世界也不會有什麼展示自己藝術成就的機會，或者其他人想不到你會擁有這種藝術專長。但是無論你走到哪裡，無論你在什麼團體之中，不管你在現實生活中的地位如何，你都可以與人交談。

或許你是一名畫家，可能已經跟繪畫大師共事多年，可是，即使你才華橫溢，有實力將自己的畫作懸掛在藝術沙龍或者著名的畫廊之中，相對來說也只會有很少的人能夠欣賞到你的畫作。但是如果在溝通交流方面你也是一名藝術大師的話，任何一個和你有過接觸的人都會看見你現場展示的畫作，這幅圖畫自從你開始講話時起就一直在描繪著。每個和你交談過的人都能知道你究竟是位藝術大師還是技藝拙劣之人。

　　事實上，你可能已經取得了很高的成就，卻鮮為人知，你可能擁有一幢非常華麗的房子，一大筆財產，卻只有很少的一部分人能了解；但是如果你是一個優秀的健談者的話，每一個和你交談過的人都會感受到你的談話技巧和魅力。

　　某位著名的社交界領袖，非常善於引入新人，總是會給跟隨自己的新人這樣的忠告，「去說吧，一定要說話，你說什麼並不重要，重要的是可以輕鬆自如而又愉悅地說下去。總是需要別人討好逗樂的女人是最令人感到窘迫、厭煩和無聊的」。

　　在這條忠告裡面有一條非常有用的暗示。學習溝通交流的方法無疑就是去交談。對於那些不習慣於社交活動、時常缺乏自信的人，對他們有誘惑力的事便是他們自己什麼都不說，而只是聽別人說。

　　在社交場合裡健談的人總是會受到人們的追捧。每個人都想邀請某某女士赴宴或者參加招待會，正是因為她十分健談。她能給其他人帶來歡樂。她可能有許多缺點和不足，但是人們就是喜歡和她來往，因為她能夠說出很漂亮的話。

　　交談，如果被看作是一位教育家的話，那他便會是激發人巨大潛能的開拓者，但是如果不假思索地滿嘴胡說，不努力地去清晰、簡明扼要，或是有效率地表達自己的觀點，僅僅是閒聊或者嘮家常的話，就永遠無法激

發人的潛能並抓住人的本質。與這種膚淺的談話相比，本質的東西藏得太深太深。

　　成千上萬的年輕人羨慕他們的同伴平步青雲，因為他們前進的步伐要比自己浪費那些寶貴的夜晚和半日休假的速度還要快，這些年輕人沒有什麼可說的，除了一些瑣碎毫無意義、空洞淺薄而又漫無目的的東西，這種東西並不會提升到幽默的層次上，但是愚蠢、無聊的談話只會使人的志向抱負萎靡不振，降低人的理想和已有的各種人生標準，因為它會使人養成了膚淺而又毫無意義的思考的習慣。無論是在大街上、公共汽車上，還是在公共場合裡，我們總會聽到一些喧嘩、粗陋的聲音並且漫不經心地說著輕率而無理的語言或粗俗的俚語。

　　「你在胡說八道」、「我可不知道」、「你說的沒錯」、「好吧，我們之間已經走到盡頭了」、「我真的討厭他，煩死人了」，以及其他一些我們經常能聽到的粗俗言語。

　　沒有什麼其他的事物可以像交流談話這麼迅速地表明你在文化上的高雅與粗俗，表明你是否接受過文化的薰陶，是否缺少文化教養。與人交流會讓你知道生活中的各方各面。你所說的以及你說話的方式都會洩露你的祕密，都會展示出你真實的自我。

　　沒有什麼其他的才能造詣可以讓你如此經常而又高效地使用，也不會有什麼其他的才能造詣會像良好的溝通技巧這樣能給你的朋友們帶來莫大的開心快樂。毋庸置疑的是，語言本身就是一種比我們想像的要偉大得多的技藝，但大多數人真正使用的只是其中小小的一部分。

　　我們大多數人在溝通交流上往往缺乏經驗，因為我們不把它當成藝術來對待，我們不願努力學習如何把話說得更好。我們讀的書不多，思考的問題也不夠。我們大部分人在表達自己的觀點時往往十分隨便、漫不經

心，因為我們覺得如果每次開口之前都仔細思考如何使用優雅、輕鬆自然、有力的言語來表情達意，那就太麻煩了。

不擅言談的人在為自己沒有主動提升說話水準找藉口的時候總是說「健談的人都是天生的，而不是後天鍛鍊出來的。」如果屬實的話，我們也可以說優秀的律師、傑出的醫生，或者成功的商人都是天生的，而不是後天培養出來的。其實，要是他們沒有經過刻苦的奮鬥努力，是無法達到今時今日的巨大成就的。這就是取得所有的輝煌成就所要付出的代價。

許多人都將自己的進步很大程度上歸因於他本人善於溝通的才能。在與人溝通之時，能夠引起別人極大的興趣，緊緊抓住他們的注意力的能力是一種非常巨大的力量。那些不善言辭、不善表達的人，雖然學富五車，卻從未能使用富有邏輯性、富含趣味或者權威性的語言來表達觀點，他們總是處於巨大的劣勢之中。

我認識一位商人，他的談話技巧已經爐火純青、登峰造極，即使聽他說話都會是一場盛宴。他的語言如流水般柔和、清晰透明，他的話語都是經過細緻審慎地選擇，不斷鑑賞、不斷精挑細選而得來的，他的措辭如此的高尚和優雅，以至於每一個聽他講話的人都能夠感受到其魅力所在。他一生都在閱讀那些最優美的散文和詩歌，而且將溝通交談作為一種優雅的藝術來培養。

可能你會認為自己貧窮潦倒，在生活中也沒有什麼好的機遇。身邊的人也可能總要依靠你，而且你可能沒有機會走進學校，進入大學校園，或者如願以償地學習音樂或者藝術；可能你會被一直約束在一個一成不變的環境中；你可能飽受折磨，因為你的雄心壯志從未實現，總是失望落空；然而如果在自己所說的每一句話中你都盡可能地使用最恰當的表達方式，你仍然可能會成為一名可以吸引人的健談者。每一本你讀過的圖書，每一

個你與之交談過的人能夠恰當地運用語言的人都可能會幫助到你。

對於如何能夠表達自己的觀點，很少有人會進行深入的思考。人們總是使用自己最先想到的詞語。人們並不會費盡心思地去組織起一個詞語優美、文字簡潔、表意明確並且非常有力的句子。從這些人嘴唇裡慌慌張張地流露出來的話語通常是沒有經過精心編排或是認真排序的。

我們時不時會遇見交際溝通方面的真正藝術家，和他們說話的時候，你會感到極其輕鬆、愉悅，簡直就像是在享受一次盛情的款待，他們的語言如此出色，令旁人汗顏，以至於我們常常思考為什麼我們大多數人在交流溝通方面會顯得那樣笨拙，因而當我們領悟到溝通交流是一種藝術中的精品的時候，我們應該努力提升自己的語言水準，認真修補完善這個人類用來交流思想的工具。

在日常生活中我曾遇到過十幾個這樣的人，他們讓我領略到語言可以達到的高度是其他任何一種藝術形式所無法企及的。

我曾經拜訪過溫德爾·菲力浦斯[01]在波士頓的家，他的聲音如天籟般優美，他的措辭如溪水般純淨、透明，他淵博深刻的學識、充滿魅力的人格以及藝術的表達形式，這些都令我無法忘懷。他在沙發上緊挨著我坐著，就像是和一位老校友一樣親切交談，在我看來，我似乎從未聽過這樣高雅優美的英語。我曾經見到過幾位英國人，他們也擁有著「可以吸引與之交談的人進行靈魂交流」的神奇力量。

瑪麗·利弗莫爾女士，朱麗亞·沃德·豪女士，還有伊莉莎白·斯圖爾特·費爾普斯·沃德都擁有著和哈佛大學前任校長艾略特一樣的不可思議的談話魅力。

交談的素養才是最關鍵的。我們都見過一些能夠使用最精美的語言並

01　溫德爾·菲力浦斯（Wendell Philips, 1814-1884），美國廢奴主義者、演講家和律師。

且以流暢的語速、流利的措辭來表達自己的觀點的人，那些是用自己溝通交際的流暢給我們留下深刻印象的人，但是僅此而已。他們不能用自己的思想給我們留下深刻的印象，他們不能激勵我們去採取行動。在與之交談過後，我們並不會產生那種想要建功立業、出人頭地的堅定信念。

我們也認識其他一些話不多的人，但是這些人的言語卻很有深度和內涵，可以激發我們去思考，因而會讓我們感覺到自己因這些灌輸到我們思想中的話語而強大了很多倍。

昔日，溝通交流的技巧要比現在高得多。交際技巧方面的退化歸因於現代文明環境方面的徹底變革。從前，人們除了語言就沒有什麼其他的與別人進行思想交流的方式了。在當時，各式各樣的知識幾乎都是透過人們口耳相傳的。過去既沒有什麼重要的日報，也沒有任何形式的雜誌或期刊。

在人們發現了大量的稀有金屬之後，各種發明創新和探索發現打開了通往新世界的大門，正是雄心壯志推動著人類改變了這一切。在當今這種瞬息萬變、發憤圖強的時代裡，每個人都瘋狂地獲取財富和地位，我們不再有時間去仔細地思考，不再有時間培養自己在溝通交流方面的能力。在當今這種重要報紙和雜誌大行其道的時代，每個人只要花費幾美分就可以收集到在以往要花費上千美元才能收集到的新聞或是資訊，於是每個人都會坐在早報的後面或是埋身於書籍或者雜誌之中。從此就不會再有和以前一樣的用言語進行思想交流的需要了。

演講技巧因此正成為一種逐漸消失的藝術。印刷成本現在變得越來越低，這樣一來，即使是最貧窮的家庭，只要花費幾美元就能得到連中世紀的國王或是貴族們都買不起的讀物。

現如今，要想找到一位優雅的健談者著實是件稀罕事。要想聽到某個

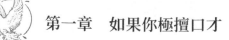

人說一口雅致的英語，並且可以使用極其精美的辭藻同樣非常罕見，如果真能遇上這樣的人的話著實是種奢侈的享受。

　　然而，閱讀好書將不僅僅可以拓寬視野、增長見識，同樣可以擴大你的詞彙量，這對於交談溝通來說是種非常重要的補充。許多人都有著非常優秀的思想和想法，但是苦於詞彙的匱乏而無法很好地表達出自己的觀點。他們沒有足夠多的詞語來表達自己的想法，更沒辦法使其更具吸引力。他們翻來覆去說的總是那幾句話，重複重複再重複，因為當他們想使用某個特殊的詞彙來精確表達自己的意思的時候，卻找不到這樣的詞語。

　　如果你有志將演講溝通技能提升的話，那麼你一定要盡可能多地接觸上流社會中那些受過良好的文化教育的人。如果你總是離群索居的話，即使你大學畢業，你也終究不過是一個不善言談的人。

　　我們都會對他人表現出同情心，尤其是那些膽小懦弱、缺乏自信心而且還畏首畏腳的人，當他們努力去說些什麼卻又無法開口的時候，他們就會有著可怕的思想上的壓抑和沉悶的感覺。那些膽小懦弱的年輕人經常以這種方式嘗試著去在中學或者大學校園裡激昂地演講，往往遭受到的卻是痛苦。但是有許多偉大的演講家在他們首次嘗試在公共場合裡進行演講時也有著同樣的經歷，而且經常會因疏忽或者失敗而出醜。因此，要想成為一名演講家或是一個健談的人只有不斷地去嘗試有效而高雅地表達自己，除此之外別無他法。

　　如果你發現在嘗試著去表達自己的思想的時候，你的那些思想卻不翼而飛，而你只能結結巴巴地說或者只能夠為了那些搜索不出的詞語勉強應付幾句話，但是即使在你的嘗試中會不斷地出現失敗，仍然可以肯定的是每一次真正的努力都會使你下一次進行演講時變得更加流利順暢。如果一個人堅持不懈地嘗試下去，他就會很快地克服自己的笨拙、抑制自我意

識，並且最終能夠舉止輕鬆、表達靈活，這是非常值得注意的。

我們到處可以看到那些處於相對不利的地位的人們，因為他們從沒有學習過如何將自己的思想轉化成趣味十足、有說服力的語言的技巧。我們經常會在各類的公共集會上看到一些頭腦非常聰明的男男女女，在討論那些重要問題的時候，他們卻只能靜悄悄地坐著，儘管與那些不停地展現自己高超的演講技巧、酣暢淋漓的語言表達的人相比，這些沉默之人掌握的資訊絕對是那些出盡風頭的人所無法比擬的。

能力超群、知識淵博的人在人群中往往沉默不語，像啞巴一樣，而一些思想膚淺、頭腦簡單的人卻往往能夠吸引所有在場的人的注意力，僅僅是因為他們能夠將自己的想法以一種風趣幽默的方式表達出來。在那些不知天高地厚的人面前，知識淵博的人經常會十分的窘迫、尷尬，因為他們不能將任何充滿智慧的話題繼續下去。在我們國家的首都有很多那樣的沉默者，而他們中許多人的妻子突然間出乎意料地達到政治生涯的巔峰。

許多人似乎都認為生活的終極目標是盡可能多地將有價值的資訊裝進腦袋裡，這一點在那些真正的學者身上尤為準確。但是與獲得知識一樣重要的是要知道如何用一種吸引人的方式傳播知識。可能你是一位知識淵博的學者，可能你熟讀歷史和政治，可能你在科學技術、文學以及藝術等方面獨樹一幟，然而如果你的知識都被封閉起來，你也將會永遠處於不利的位置。

封閉起來的能力或許會給一個人帶來某種程度上的滿足，但是在全世界的人欣賞這種能力或是肯定這種能力之前，一定要用某種吸引人的方式將它展示出來、表達出來。原始粗糙的鑽石有多少價值好像並不重要，如果不對它內在的美妙之處進行任何的解釋和描述，一切都是徒勞；在它露出地面，被打磨拋光，並且外部光線射入其深深的內部，揭示其深藏於外

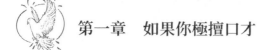

表之下的絢麗之前沒有人能夠欣賞到它的美麗。交談溝通對於人就如同是鑽石的打磨一樣。打磨拋光並不會給鑽石增添任何的美麗，它僅僅是將鑽石的價值顯現出來而已。

讓孩子成長在不懂得談話藝術之美的環境裡會對孩子造成莫大的傷害，而父母們似乎還尚未了解到這一點！在多數的家庭裡，父母都會允許孩子們使用一種最最令人感到厭煩的方式將英語這門語言弄得一團糟。

沒有什麼其他的鍛鍊方法會比不斷努力地就任何話題進行優雅、充滿智慧、引人入勝的溝通交流更加能夠培養開發智力和性格了。在不斷努力地使用簡潔清晰的語言、風趣的方式表達自己的思想的過程中有一條非常光彩奪目的清規戒律。我們知道有些頂級的健談者，他們所受的教育甚至都沒有達到高中水準。相比之下，許多大學畢業生更習慣於默不作聲，他們被那些從未曾進入過高中深造，卻練就了良好的自由表達技巧的人們嘲笑。

高中和大學在相對有限的幾年時間裡，每天都向學生提供那麼幾個小時的教育；交談溝通則需要持之以恆地加以訓練。許多人在這種訓練之中接受了他們的教育經歷中最優秀的那一部分。

溝通交談是一位偉大的才能發掘者、潛能和資源的啟示者。溝通交談非常有利於激發人們思考。如果我們能夠善於交談，我們能夠吸引別人並且保持住別人的注意力的話我們就能更多地考慮自己。這種吸引人的談話能力將會增加我們的自尊心和自信心。

只有盡全力向別人表達出自己的思想之後，別人才會知道我們都掌握了什麼樣的知識。接著思想的隧道便敞開了，各種感官也都同時處於警覺的狀態。每一位優秀的演講者都會感受到來自聆聽者的一種力量，而在此之前他們是從未感受到過的，正是這種力量賦予他們靈感，鞭策他們奮勇

前進。不同思想間的交融，不同靈魂間的碰撞都會產生新的力量，就像是兩種化學試劑混合到一起會產生第三種物質一樣。

要想善於交談和溝通，我們就必須得先成為優秀的傾聽者。這就意味著每一個人都要有一種積極接受資訊的態度。

我們不僅僅是糟糕的發言人，而且在傾聽別人敘述這方面也存在著問題。我們在傾聽別人的講述時往往缺乏耐心。我們本應該更加關心、迫切地傾聽別人的經歷或是資訊並且從中汲取精華，但是我們對於講述人卻沒有給予足夠的尊重，沒有保持安靜。我們總是不耐煩地四處張望，或砰地扣上懷錶的蓋子，或用手指在桌椅上劃出一道道條紋，或者突然停下來好像我們要急不可耐地離開這裡一樣，或者在講述人說出他們的結論之前就打斷他們。事實上，我們整個民族都是非常缺乏耐性的，我們用自己全部的時間奮力前衝，從擁擠的人群中殺出一條血路去得到我們所期望的地位和金錢。我們的生活中充滿了極端狂熱的，並且不合乎自然規律的東西。我們沒有時間來培養自己，使自己的舉止行為充滿魅力、語言措辭上充滿優雅。「我們過於渴望警句或是敏捷的回答。我們缺少時間。」

急躁不安是在所有美國人身上都顯而易見的性格特徵。任何事情，如果不能給我們帶來更多的生意或是金錢，或者不能幫助我們保持現有地位，都會使我們感到厭煩。我們不願去享受友誼的樂趣，相反我們更傾向於將他們視作是梯子上的一級級臺階，更願意按照他們為讀者提供了多少我們的書籍，為我們提供了多少病人，介紹了多少客戶或顧客，或者他們願意使多大的力量幫助我們在政治生涯中更上一層，來評價他們的價值。

在這種急急忙忙、擁擠、躁動的時代之前，在這令人興奮的歲月之前，能夠在人群中聆聽智者的演講被視作是一種極大的奢侈。那時候的演講比現代大多數的演講要好，比任何可以在書中找到的知識要有價值；因

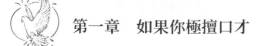

為這種演講能夠展現出演講者的人品和風格的魅力，我們會被充滿著智慧的演講者那令人著迷的卓越的性格深深吸引。對於飢餓的、渴望接受教育的靈魂來說，從那些賢明的人的嘴裡吐出的知識甘泉是非常豐盛的精神饗宴。

但是如今所有東西都如蜻蜓點水一般。我們沒有時間停在路邊然後莊重得體地進行問候。就像是這樣：一邊問到「好嗎？」或者「早安」時一邊點點頭，而不是莊重地鞠躬。我們沒有時間去做到優雅和迷人。任何事物都必須給物質和金錢讓路。

我們沒有時間去培養優雅的言談舉止；騎士時代的魅力和悠閒自在的那段日子幾乎從我們的文明教化中消失了。一種新新人類已經出現了。在白天，我們都像特洛伊人那樣勤勞工作，到了傍晚，我們就急急忙忙衝進影院劇院或是其他的娛樂消遣場所。我們沒有時間去像過去的人們那樣去養成幽默搞笑的本領。在我們坐下來哈哈大笑的同時，卻要支付大量的金錢讓別人逗我們開心。我們就像是某些大學生一樣，要依靠某些導師的輔導才能透過那些考試他們希望花錢買到現成的教育。

生活正變得如此矯揉造作，被動，失去了自然和純真，我們以如此令人恐懼的速度駕駛著人類引擎，將本應該更加美好的生活正一點點地排擠出去。在我們身上尋找到幽默的自發流露、優秀的文化以及極其優秀的個人魅力已經是件不可能的事情，或者說可能性已經微乎其微了。

我們在溝通交談方面能力下降的一個原因是缺乏同情心。我們過於自私，過於忙碌我們自己的事業，總是把自己侷限在那一畝三分地之中，總是專心於自己的提升晉級。沒有哪個缺乏同情心的人可以成為優秀的健談者。為了成為一個優秀的健談者或是傾聽者，你必須要有能力融入其他人的生活，可以與其他人全心全力地體驗生活。

華特‧貝贊特講過一個非常有才氣的女性的故事，身為一個健談的人，她曾經聲名大振，儘管她的演講並不多。她有著這樣親切誠懇而又充滿同情心的談話方式，她經常能幫助那些膽小羞怯的人鼓起勇氣說出他們心中最美好的事物，並且讓他們感覺像在家裡一樣。她驅散了那些人的恐懼，因此這些人可以把那些不能對其他任何人說的話講給她聽。因為她有著可以激發出別人潛能的能力，因此人們都認為她是一個風趣幽默的健談之人。

　　如果你想要成為一個和藹可親的人，那麼你一定要能走進那些和你傾心交談的人的生活之中，而且你一定要沿著他們的興趣之路走下去。不管你對於某一個話題了解多少，如果這個話題碰巧不能引起對方的興趣的話，那麼你的努力都會是徒勞。

　　在招待會或俱樂部聚會上，有時會看見一些人一言不發地站在一邊，他們不會也無法開心地融入到會話交際之中，因為他們太被動了，這真是件可笑而又可氣的事情。他們在思考、思考，他們在盤算著生意、生意、生意；思考怎樣才能前進得更快一些得到更多的生意，更多的客戶，更多的患者，或是更多的讀者，或者怎樣才能住進更舒適的房子；怎樣才能出盡風頭。他們並沒有真正滿懷熱心地融入其他人的生活之中，或者乾脆放棄了成為優秀的健談者的機會。他們態度冷漠，話語間有所保留，十分冷淡，因為他們將注意力都放在別的地方，他們只關心自己和自己的事業。在這世間只有兩種東西可以吸引他們的注意，生意和他們自己那狹窄的小圈子。如果你和他們談論這兩件事情的話，他們馬上就會十分感興趣；但是他們對於你的事業，你的發展或者你的雄心抱負，抑或是怎樣才能幫到你不會產生一絲點興趣。處在這樣急躁、自私並且毫無同情心的狀態之下，我們的交流溝通是絕對不可能達到更高的水準的。

　　那些偉大的健談者總是表現得非常得體可以引起別人的興趣卻不會十分冒昧。如果你打算引起某些人的關心，你完全可以使用一種不會傷害他們的方法，也不必說出他們的家庭裡那些不可外揚的醜事。有些人擁有能夠激發出交談者內心中最美好的感情的能力，而其他一些人卻只能引發我們心中陰暗的情緒。每當這些人出現在我們面前時都會激怒我們。另外一些人總是在緩解著不友好的氣氛。他們從沒有觸碰過我們敏感的話題，痛心的話題，相反卻能激發出所有自然、甜蜜而且美麗的事物。

　　林肯在令自己成功地吸引每一個他遇見過的人的方面堪稱是藝術大師。他會講些自己的故事和笑話讓別人感到舒服自在，並且使人們感覺到因他的出現完全有一種回家的感覺，接著每一個人都會對他毫無保留地打開精神財富的寶箱。陌生人總是願意和他交談，因為他是如此親切熱誠卻又風趣幽默，並且總是付出多於回報。

　　當然，像林肯所擁有的幽默感是對一個人交談溝通技能上的有力補充。但並不是每一個人都如此幽默，而且如果你缺少這種幽默細胞的話，在你試圖練就這樣的幽默感的同時也會產生譁眾取寵的效果。

　　然而，優秀的健談者並不總是那麼嚴肅的。他不會過多地處理實際的東西，無論這件事有多重要。事實和統計資料往往會使人感到厭煩。談話時的活潑朝氣是必不可少的。過度沉重的談話會使人感到厭煩。

　　因此，要想成為一名優秀的健談者，你必須自然不做作，活潑開朗，有同情心，並且必須心懷善意。你必須有樂於助人的精神，並且要將真心和靈魂融入那些可以引人關心的話題之中。你必須要獲得其他人的關心並且透過有趣的話題來保持他們的注意力，而且你只能透過溫暖的同情心真正友好的同情心來引起他們的興趣，如果你態度冷漠，拒人於千里之外，毫無同情心，那麼你是不可能吸引他人的興趣的。

你一定要有開闊的心胸和包容的心態。狹隘、吝嗇的人永遠不會與人真心交談。那些總是與你的品味、判斷力和正義感相悖的人永遠都提不起你的興趣。你緊緊地封閉著所有能通向自己內心的道路，每一條大路都是封閉的。你的個人魅力和自己樂於助人的優點就此全部消融，並且所有的溝通交談都會變得漫不經心、機械呆板、毫無生機。

你一定要讓聆聽者貼近自己的身邊，必須打開自己的心扉，並且展現出寬廣、自由的本質和開放的思想。你一定要能夠產生共鳴，那樣他們也會向你敞開心扉，自然而然地帶你進入他們的內心。

如果一個人不管在哪裡都能夠獲得成功，那麼他的成功之處一定是在於他的個性，在於他擁有一種能夠用有力、有效和有趣的語言表達自己思想的能力。他並不是非得向陌生人出示一份自己人生奮鬥過程的清單才能證明自己所取得的成就。更重要的無形財富應該是從他的唇齒之間流淌出來的，並且在他的舉手投足之間顯露無遺。

如果你不能使用優美的語言來表達自己的觀點，不管你擁有多少天賦，受到何等優質的教育，穿什麼樣的優美服飾，或者擁有多少金錢財富，都不會使你看起來更加出色。

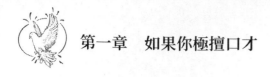

第二章
將美麗融入生活之中

　　一個人對審美品味方面的培養進行投資是再好不過的了，因為這樣的投資會給人的一生帶來彩虹般的色彩和持續的歡樂。它不僅僅能夠極大地提升一個人爭取幸福的能力，而且也會提升這個人爭取幸福的效率。

野蠻人在侵占希臘之後，褻瀆了希臘的神廟，毀壞了希臘大量的藝術作品，即使是他們的凶殘野蠻也會被無處不在的美感或多或少地馴服。他們破壞了希臘美麗的雕塑，這是真的，但是美麗的靈魂拒絕凋謝，同時它也改造了野蠻人的心靈，甚至喚醒了那些野蠻人心中一種新的力量。從希臘藝術顯而易見的凋亡開始，羅馬藝術就誕生了。「為火神法爾坎鍛造鋼鐵的獨眼巨人基克洛普斯卻不能忍受伯里克利為希臘人鍛鍊思想。」那些破壞了希臘雕塑的野蠻人的棍棒根本無法與菲迪亞斯[02]和普拉克西特列斯[03]這兩位偉大的雕塑家的雕刻術同日而語。

　　在羅馬人占領希臘並且將希臘的藝術財富搬回羅馬之前，義大利半島是沒有任何藝術形式的。

　　著名的「馬頭」、「法爾奈斯的公牛」、「玉石雕像」、「垂死的角鬥士」以及「全副武裝的少年」實際是義大利所有的偉大藝術品的創作原型。這些藝術品借助那些精美絕倫的義大利大理石雕刻，首次喚起了義大利人民內心中沉睡的藝術才能。

　　「什麼樣的教育才是最優秀的教育？」幾個世紀以前曾經有人這樣問柏拉圖。柏拉圖回答道：「能夠盡其所能地賦予肉體和靈魂所有的美麗和完美的教育就是最優秀的教育。」

　　人生將會變得很完整，人生將會變得很幸福並明智，同樣會很完整、幸福而健康，堅強的人生必定會因為這世間的美麗而變得柔和、變得豐富。

　　人類是一種食性非常廣泛的雜食性動物，並且人類的和諧發展需要大量不同種類的食物，既要有物質上的也要有精神上的。不管我們從人類的功能表中刪除了哪一種食物，都會在人類的生活中造成相對的損失、遺漏

02　菲迪亞斯（Phidias,480-430 BC），古希臘雕塑家、畫家和建築師。

03　普拉克西特列斯（Praxiteles, 395-303 BC），古希臘雕塑家。和留西波斯、斯科帕斯一起被譽為古希臘最傑出的三大雕刻家。

或缺憾。從一張不完整的功能表上是不可能培養出一個健康完整的人的。你不可能一邊供給一個人的身體養分,而一邊將他的靈魂餓死,然後期待他成為均衡發展的、神志健全的、泰然的人;也不能在餓死他的身體同時供養他的靈魂,然後期待他成為一位身體上的巨人,同時也成為一位精神層面的巨人。

　　當兒童不能獲得數量充足、種類適當的食物時,當他們被剝奪了任何一種對他們的大腦、神經或者肌肉的成長非常必須的元素,他們的成長過程中就會出現相對的缺失。因為缺乏適當均衡的飲食,他們的成長就會不平衡、不穩定而且不勻稱。

　　比如說,一個小孩子沒有從食物中獲得足夠的磷酸鈣,他的骨骼自然就不會十分強壯、堅硬;他的骨架也就會十分脆弱,骨骼很柔軟,這個孩子就非常容易罹患佝僂病。如果他的日常飲食缺乏含氮的物質或者肌肉的組成物質,那麼他的肌肉就會十分柔軟鬆弛,他永遠也不會擁有「能夠甩開整個世界的摔角式的肌肉」。如果缺乏大腦和神經的建造者磷元素的話,他的所有器官組織都將生病,大腦和神經將會不完整,缺少能量,發育不完全。

　　就像兒童正在茁壯成長,身體需要大量不同種類的食物來使他變得強壯、美麗、健康一樣,人們同樣需要各種精神食糧來滋養其頭腦,使它變得強大、積極並且健康。

　　我們國家的極佳物質資源激發了所有國民對於金錢財富的渴望,這使得我們正處於過度追求物質的能力的危險之中,其代價是忽視了對更高級、更優秀的精神能力的發展。

　　對於我們來說,僅僅發展體力和智力是遠遠不夠的。如果一個人在審美方面對所有在本質上和藝術上美的事物的欣賞,沒有得到培養,那麼生

命就會像是一個沒有花草鳥蟲，沒有甜美的氣味或聲音，沒有色彩或者音樂的國家。這樣的國家可能會很強大，但是它缺少了可以裝扮這個國家的實力，使它變得更吸引人的優雅別緻，因而國家失去了擁有更大的吸引力的機會。

如果你想成為一個更廣泛意義上的人，你就一定不會對於這樣的事情感到滿意：使你本性「森林」中的小小一點清晰可辨，而其他部分則黯淡無光。對於生意的追求，對於任何形式的物質利益的追求，僅僅會使人生中的一小部分，通常是自私和粗陋的那一部分得到發展。

對於那些缺乏審美能力的人來說，在他們的成長過程之中有一種缺失，他們在面對一幅壯美的畫作、面對迷人的日落或者瞥見自然之美時不會感到興奮顫抖。

野蠻人不懂得欣賞美麗。他們對於裝飾外表充滿狂熱，但是沒有什麼能夠表明他們的審美能力得到了發展。他們僅僅是遵從於自己動物的本能和熱情。

但是隨著文明的進步，人類的雄心抱負逐漸地成長，人類的欲望也在成倍地增加，人們有越來越高的能力來展現自身，直到我們發現最高形式的文明，對於美好事物的熱愛和渴望得到了很高程度的發展。我們會發現在每個人身上，在每個家庭中，在各種場合中這都是顯而易見的。

哈佛大學教授查爾斯·艾略特·諾頓（Charles Eliot Norton），是他那個時代最優秀的思想家之一，他曾經說過，美在人類最高等級的發展中達到了巨大的作用。因此文明程度可以用建築藝術、雕刻藝術以及繪畫藝術來衡量。

對於美的熱愛可以使人高尚優雅、溫柔恬靜，還可以使人的性格變得豐富多彩，這是其他任何事物都無法給予的。在缺少了對美的追求，只有

顯而易見地對金錢物欲追求的環境下成長起來的孩子是非常不幸的，他們從小接受的培養教育就是：生活中最重要的事情就是獲得更多的金錢、更多的房子、更多的土地，而不是更多的人性、更多的高尚、更多的甜美幸福以及更多的美。

在人的頭腦具有塑造性並且可以被鑄造上任何一種或善或惡的烙印的時候，透過這種錯誤的教育培養將人生從上帝預定的軌道中扭曲過來，扭轉了人生的精神中心並且將其設定為某一種物質目標，這一切簡直是太殘酷了。

孩子們應該盡可能地生活在世間的美麗之中，應該盡可能地生活在藝術和自然當中。任何一次可以將他們的注意力吸引到美的事物上來的機會都不應該被浪費。這樣，他們的整個人生都可能會因這筆他們日後無法用金錢買到的財富而變得豐富多彩。

無論是從人生的早期開始就養成優良的品性，還是發展更加高尚的情感、更加純潔的喜好抑或是更加複雜靈敏的感情，用各種不同方式表達的對於美的熱愛，所有這些將會產生多麼無可限量的滿足！

一個人對審美品味方面的培養進行投資是再好不過的了，因為這樣的投資會給人的一生帶來彩虹般的色彩和持續的歡樂。它不僅僅能夠極大地提升一個人爭取幸福的能力，而且也會提升這個人爭取幸福的效率。

提升、提純美所帶來的影響最明顯的一個例子得到了位於芝加哥的某所學校的一位老師的驗證，她在學校裡為自己的學生裝扮了一個「美麗角」。這個「美麗角」裡裝有彩色的玻璃窗，擺放著覆蓋著亞洲風格毛毯的沙發床，還有一些優美的照片和繪畫作品，其中有著名的《西斯汀聖母》（Sistine Madonna）畫作。還有一些不出名的畫作，非常藝術地排列在一起，完成了「美麗角」的家具布置。孩子們非常喜歡他們這個小小的休

養所，尤其喜歡那透明的彩色玻璃窗。不知不覺間，他們的行為和舉止就受到了那些日日與他們相伴的美麗事物的影響。他們變得更加的紳士、優雅、思想更加的豐富和周到細緻。其中一個義大利小孩，在「美麗角」成立之前，他一直不受管束，積習難改，可是沒過多久就發生了翻天覆地的變化，安穩了許多，就連他的老師也是十分的震驚。有一天老師問他，是什麼讓他最近變得這麼優秀。小男孩指著牆上的《西斯汀聖母》畫像說道：「聖母的追隨者怎能在聖母直視他的時候做壞事呢？」

　　人的品性通常是透過耳濡目染而養成的。鳥類、昆蟲以及潺潺溪水發出的聲音，大風吹過樹林時的颼颼聲，花花草草發出的清香，大地和天空，海洋和森林，崇山峻嶺的那千千萬萬種色彩，所有的這些對於一個真實存在的人的發展來說，和他在學校裡所接受的教育是同等重要的。如果你沒有能夠透過耳濡目染將美帶入自己的生活之中，激發審美的能力，你的本性就會變得十分嚴厲無情、乾癟無趣、毫無吸引力。

　　在生活中沒有什麼其他的事物可以替代審美能力的培養。它是連接人類和美的造物主的紐帶。當我們凝神沉思於宇宙的恢宏壯麗和完美時，我們的精神從未像此刻這樣如此緊密地與上帝連繫在一起。此時我們似乎看到了那無窮才智的創造過程。

　　那就試著將美麗融進自己的生活之中吧每天融入一點點。你就會發現它是多麼不可思議了。它會拓寬並點亮你的前途，而這是占有金錢或者獲得名譽永遠都無法給予的。將各式各樣的原料都放進你的精神菜單中，就像放入你的物質菜單中那樣。

　　這可能會給你帶來豐厚的回報。不管你有多麼強壯結實，就算你能在一年之中的每一天都奮力工作，你的思想都仍然需要一些改變，即使你在身體上並不需要任何改變。如果你始終依靠相同的精神食糧供給營養，如

果你一年三百六十五天，年復一年，始終都只有相同的經歷體驗，那麼在你的生活中的某個地方必定會出現同樣的大災難。

審美能力的展現是在我們的成功與幸福之中，在使我們生活變得高貴榮耀時最重要的一種因素了。拉斯金對於美的熱愛賦予了他的一生無法形容的魅力和高貴。這種熱愛使他不斷地向上看、向外看。在使拉斯金著迷的時候，它得到了淨化增強。正是不斷地追求自然界和藝術界中的美，不斷地追求對於所有人類和自然方式的神聖解釋當中的美麗，才賦予他偉大的人生事業以熱情、積極性還有神聖的意義。

美麗有著神聖的特質，而且生活在充滿美的世界就是生活在與上帝咫尺之隔的地方。「我們在世間各處看見的美越多；在自然界、在人類的生活中，在成人和孩子身上，在辛勤工作和休息之中，在外在世界和內心世界之中，我們所看見的上帝神明就越多。」

在新約中有很多事例可以表明基督耶穌也是美的強烈熱愛者，尤其是對於自然界的美麗。「想想田地裡的百合花；它們沒有什麼辛苦的工作，它們也不紡紗織線；身披上帝的光芒榮耀的聖人並沒有像這些百合花那樣被打扮裝飾」，難道說這些話的不是上帝耶穌嗎？

在百合花和玫瑰花的背後，在風景的背後，在所有可以使我們著迷心醉的美麗事物的背後，就是那個偉大的美以及重要的美麗法則的熱愛者。

每一顆在夜空中閃耀的星星，每一朵鮮花，都示意我們尋找他們背後的美的源頭，向我們指示著創造這世間所有美麗的偉大造物主。

對美的熱愛在均衡、對稱的生活中扮演著重要的角色。我們尚未了解到自己受到那些美好的人和事物的影響有多大。美在我們的生活中如此常見，這使得它們沒有吸引到我們太多的有意識的注意，但是每一幅漂亮的畫作，每一次美麗的日落和每一點風景，每一張漂亮的臉孔，造型以及花

朵以任何形式存在的美麗，不管我們在哪裡與它相遇，都會使人的性格變得高尚、優雅並且得到提升。

保持靈魂和思想對於美的敏感性非常重要。它是重要的清新劑、復原劑、起死回生之丹藥、健康促進劑。我們的美國式生活往往會扼殺這種美好的感情，阻撓魅力、高雅還有美麗的發展。美國式的生活過度強調的是物質的價值，低估了那些美的事物的價值，它們在那些不過度注重金錢物質的國家裡得到了更好的發展。

只要我們堅持將人類所有的精力和能量都放進創造金錢的密封箱裡，然後讓我們社交能力、審美能力以及所有美好、高貴的能力就那麼潛伏著，甚至是消失殆盡，我們當然不能期望過上一種完美的、均衡勻稱的生活，因為只有那些得到使用的才能技巧，得到訓練的腦細胞才會成長起來；而其他的則會衰退萎縮。如果人類的這些優秀本能以及那些存在於更高等級的大腦中的高貴素養得不到充分發展的話，那些存在於低等級大腦中的接近獸性的低等本能就會發展得很充分，人類就一定會為此而付出代價，而且將會缺少對於所有生活中最為美好的事物的欣賞能力。

我們幾乎將所有的努力都放在了那些有用的東西上，並且只允許那些美好的事物在我們的生活中扮演無足輕重的角色，以至於我們只花費了非常少的精力去解讀上帝的每一個手跡，難道這不讓人感到惋惜、羞恥嗎？難道這還沒有達到犯罪的地步嗎？

「那些在頭腦中保持的美景，在心目中崇拜的理想，你可以透過這些來構築你的生活，而且你也會成為那樣。」那是思想的本質，那是理想的本質，它不僅能創造世間萬物，同時也成就了人類。

培養審美能力和心靈素養就如同培養我們所說的智力一樣，都是至關重要的。這樣的時刻即將來臨：無論是在家中還是在學校接受教育，孩子

們都會將美作為一份異常珍貴的禮物，這份禮物保持著純潔、甜美親切、潔淨並且會被視作是一種神賜的用來教育人的工具。

沒有哪種投資會產生下面的這些回報：培養更優秀的品性，培養對真實美好、非凡的事物的感知力，培養那些被追名逐利者排擠掉的、被扼殺的優秀品格。

有千千萬萬種證據表明，上帝要把我們造成美的殿堂、可愛的殿堂、美麗心靈的殿堂，而不僅僅是那些粗俗低陋的東西的儲藏室。

沒有什麼其他的事物會像培養我們身上的那些最美好、最真誠、最美麗的素養那樣產生如此豐厚的回報了，培養這些美好素養的目的就是為了使我們能隨處看到美，並可以從萬物中提取美。

凡是我們所到之處都會有千千萬萬種可以培養我們身上最佳素養的事物。每一次日落，每一幅風景畫面，每一座高山峻嶺，每一棵參天大樹都有著美和魅力的奧祕在等著我們。在每一塊草地或是麥田裡，在每一片落葉或是花朵上，受過訓練的雙眼都會看見那種令天使都陶醉的美麗。受過文明教化的耳朵可以找到田野間的和諧音符，可以找到潺潺溪流中悅耳的旋律，還可以在造物主所有的歌聲當中找到無法言表的歡樂。

不論我們從事何種職業，我們都應該下定這樣的決心：我們不會為了金錢而去扼殺我們身上的美好高貴的素養，相反我們要利用每一個機會將美麗融入我們的生活當中。

根據你對美好事物的熱愛程度，你就會獲得相對的美的魅力並表現出相對的美麗風度。美的想法、美的理想，都會在臉孔和舉止上顯露無遺。如果你熱愛美，你就會成為某些方面的藝術家。你的職業可能就是把家裡收拾得漂亮溫馨，或者你也可能是從事貿易生意；但是不論你從事何種事業，只要你熱愛美好的事物，它都會淨化你的品味，提升並且豐富你的生

活，然後使你成為真正的藝術家而不只是一個手藝人。

毫無疑問，將來美一定會在文明生活中達到比今天更加重要的作用。如今的世界已是一個到處充滿了商業化的世界。困擾我們的問題是，在這片到處充滿著機遇的土地上有著那麼多誘人的物質獎勵，使得我們已經忽略了那些更加高尚的人。一直以來我們都是沿著自身本性中獸性的一面去自我發展：貪婪、索取的一面。我們大多數人仍然生活在人類的底層。偶爾會有人升到生活的頂層，瞥見生活的美麗、生活的價值。

在這個世界上，沒有什麼東西會像美那樣滿足靈魂的渴望，而美是透過溫和友善來展現的。

一位年長的旅行者講到，有一次他在前往西部的旅途中坐在一個老太太身旁，這個老太太時不時地靠向敞開的窗戶，拋撒一些從瓶子裡倒出來的，在他看來似乎是粗鹽的東西。當她把瓶子裡的粗鹽倒光之後，就會從手提包裡再拿一些將瓶子裝滿。

一位聽到老人講述這個故事的朋友告訴他，自己知道這個老太太，她對花朵充滿了極大的熱愛，並且真誠地信奉下面這條格言：「無論走到哪裡都要將花朵散布到那裡，因為你可能永遠都不會再走同一條路。」他說到，因為她有著沿旅行路線播撒花卉種子的習慣，這極大地增加了沿途風景的美。就這樣，許多條道路由於這位老婦人對於美的熱愛以及她不懈努力地在她所到之地撒播美而得到了美化，煥然一新。

如果我們都養成了對於美好事物的熱愛，並且在生活中無論我們走到哪都將美的種子撒播出去，那麼我們生活的這個地球將真的會變成人間天堂！

一次鄉村旅行給我們提供了一個很好的將美融入生活之中的機會；提供給我們一個去培養審美能力的機會，而這些能力在大部分人身上還尚未得到開發，這是多麼光輝美妙的機會啊！對某些人來說這就像是走進了上

帝那充滿了魅力和美的偉大畫廊之中一樣。他們在風景中、在村莊裡、在高山峻嶺中、在鄉村田野裡、在青青草原上、在花卉中、在溪水河流中發現的財富是無法用金錢購買到的；美可以使天使都為之欣喜。但是這種美麗和輝煌是無法透過購買得來的；他們只為了那些能夠看見、欣賞自己的人而存在因為那些人能夠讀懂他們的資訊，能夠引起共鳴。

你曾經感受到過自然界中的美那不可思議的力量嗎？如果沒有，那你就錯過了人生中最為高雅優美的一種歡樂。有一次我正在穿越優勝美地（Yosemite Valley），在乘坐公共馬車沿著險峻的山路行進了數百公里之後，我已經完全筋疲力盡了，而且似乎就算再繼續沿著這條通往目的地的路走上幾十公里，我們也不會到達終點。但是從山頂俯瞰下去，我不經意間看見了著名的優勝美地及其周圍的環境，就像太陽的光線衝破了厚厚的雲層；那裡展現出了一幅絕世稀少、絕妙生動的美麗畫作，每一點點疲乏、腦力上的疲勞還有身體上的疲憊在此刻都煙消雲散了。我的全部靈魂都被莊嚴卓越、雄偉堂皇、高雅優美的崇高感震撼了，這是我從未經歷過的，而且我也永遠不會忘記。我感受到了精神上的昇華，這種昇華使我幸福得熱淚盈眶。

沒有哪個人可以想得出造物主所創造的那些令人驚訝的美，而且也沒有人會懷疑造物主做了這樣的計畫打算：上帝按照自己的外表和肖像創造的人類應該有著同樣的美麗。

性格當中的美、舉止之中的魅力、表達方式裡的吸引力和親和力、莊嚴的態度，所有的這些都是我們與生俱來的權利。我們中的許多人在外表和行為舉止上是多麼地醜陋、頑固、粗魯和凌亂！如果我們希望自己的外在形象變得更加美，我們必須要美化我們的內心，因為內心的每一個所思所想都會在我們的臉上留下細微的或美或醜的痕跡。

莎士比亞曾經說過：「上帝明明已經賜予了你一張臉，不和諧的、具有破壞性的心態會扭曲和毀掉最美麗的容顏。而你卻偏偏要用另外一張臉孔。」人的心境可以使人變得美麗或是醜陋。

親切、高貴的性情對於美的最高形式來說是相當必要的，它使無數張平凡的臉孔發生了轉變。脾氣暴躁、本性粗暴、忌妒猜疑，所有這些都會將曾經塑造出的最美麗的面容毀掉。畢竟，在那樣的面容上不會存在那種由可愛動人的性格產生的美麗。化妝品、按摩術、藥品，都不會消除由於錯誤的思想習慣所產生的偏見、自私、忌妒、焦慮緊張以及心靈上的躊躇帶來的皺紋。

美，源自人的內心。如果每個人都養成了和藹雅致的心態的話，不僅僅是他們所表達的事物，就連他們的身體也同樣會有這種藝術氣質的美感。在他們身上確實會有一種優美雅致、魅力以及超凡脫俗，而這些要比僅僅存在於身體上的美麗美妙得多。

我們都曾見過一些特別普通的女性，因其充滿魅力的個性而給我們留下了超凡脫俗的美麗印象。透過人的身體表達出來的高尚的靈魂素養將這種美傳遞到人們的外表之中。從最普通的身體中表達出的優秀靈魂將會使其更加美麗。

有些人在談論範尼·肯布林[04]時說道：「儘管她非常地肥胖矮小，而且有著紅紅的臉龐，但是她給我留下的印象卻是極其地壯麗雄偉。」我從未在任何一位女性身上見到過如此威嚴的個性。任何一種僅僅是身體上的美麗都會在她的身旁變得黯淡無光、毫無意義。

皮埃爾-安托萬·貝里耶[05]發自內心地說道：「世間沒有醜陋的女性。

04　範尼·肯布林（Fanny Kemble, 1809-1893），英國著名戲劇演員、暢銷書作家。作品涵蓋詩歌、戲劇、十一卷的回憶錄、旅行見聞等。

05　皮埃爾-安托萬·貝里耶（Antoine Berryer, 1790-1868），法國議會演說家。

只有那些不知道如何讓自己看起來漂亮的女人。」

　　最高等級的美麗不僅僅是通常意義上的容貌或體型上之美，是每個人都能獲得的。這對每一個人來說都是完全可能的，即使是那些面容最平常的人，也可以依靠在頭腦中永遠保持美好思想的習慣使她們變成美麗的人，不是那種表面上的膚淺之美，而是心靈之美、靈魂之美，而且他們還可以透過養成善良親切、充滿希望而又慷慨無私的精神而獲得美麗。

　　所有真正的美麗的基礎是仁慈和藹、熱情助人的態度和到處撒播陽光和美好的歡樂的願望，這些都閃耀在人的臉上，使人的容貌變得美麗。人的性格之中那種對於變得更美麗的期望和努力必定會使生活變得美麗，但是外表只不過是內心世界的一種表達，僅僅是日常的思想和主要的動機在身體上的一種影像而已，臉部表情、行為舉止、風采姿態必定要遵循思想的引領，變得溫柔動人、有吸引力。如果你能把美麗的思想、充滿愛意的思想，始終保存在自己的頭腦之中，那麼無論走到哪裡你都會給人留下和諧甜美的印象，因此也就沒人會注意你相貌上的平淡無奇或者身體上的殘疾了。

　　有這樣一些女孩，她們沒完沒了地說著對自己不幸的平凡相貌的看法，以至於將其嚴重地誇大。其實，她們的難看程度連她們自認為的一半都不到，要不是因為她們對這個話題太過敏感或是太在意，其他人對這件事根本毫不在意。事實上，如果她們擺脫自己的敏感並且變得自然一些，經過堅持不懈的努力，她們就能夠用思想的活力、愉快的態度、智慧以及令人愉悅的幫助來彌補自己在面容的美麗上的缺失。

　　我們讚賞姣美的容貌、優美的形體，但是我們喜愛的是那由美麗的靈魂照亮的臉龐。我們之所以喜愛是因為它表明了可能成為完美的男人或女人的崇高理想，而這種理想恰恰是造物主的模型。

並不是我們親愛的朋友們的外表，而是他或她使我們產生的高尚友誼喚起了我們的愛與欽佩，並且將其融入行動當中。最高等級的美在實際中是不存在的。那只是一種在理想情況下才可能出現的美，正是這種。

　　每一個人都應該盡力使自己變得美麗，富有吸引力，盡可能使自己成為一個美好的人。在對最高尚的美的渴望中沒有一點虛榮自負的汙跡。

　　僅僅局限於對外在形式的美的熱愛，就迷失了它最深層次的意義和價值。各種形式的美麗、各種顏色的美、各種色澤和光影的美、各種聲音的美使得我們生活的這個世界變得美麗；然而被扭曲了的心是不可能看見所有這些無窮無盡的美的。正是這種內在的精神，靈魂之中的理想，使得世間萬物變得美麗；並且激勵著我們，將我們提升到另一個高於自身的層次上去。

　　我們都喜歡外表上的美麗，因為我們渴望完美，我們會情不自禁地欽佩讚美那些幾乎包含了或符合我們人類理想的個人或者事物。

　　但是一個擁有了美麗的性格的人將會從最為枯燥無味的環境中提取出美麗和詩篇，將陽光帶進最黑暗的房間裡，並且還會在最為窘迫的環境之中發展美麗和高雅。

　　如果不是因為那些偉大的靈魂，我們會怎樣呢？是那些了解到生命的神聖的偉大靈魂，堅持不懈地為我們帶來了生命的詩篇、樂章、美麗與和諧，並喚起我們對它們的注意。

　　要不是這些創造美麗的人、這些激勵我們追求美的人以及那些無時無刻為我們帶來美妙絕倫事物的人們，那麼我們的生活將會變得多麼的普通平凡、多麼的悲慘可憐！

　　沒有什麼其他的造詣成就，沒有什麼性格特徵，也沒有什麼思想素養會比對於美的欣賞產生更大的滿足和快樂，或者說對一個人的幸福更有幫助。有那麼多的人可能因為自己在幼年時期接受的審美培養而被從錯誤的

事情中拯救出來，甚至是從犯罪的生活中拯救出來！對於真正的美的熱愛可以將孩子們從那些會把他們的本性變得粗魯凶殘的事物中拯救出來。它將會為孩子們抵擋眾多的誘惑。

父母們並沒有全身心地投入到培養自己的子女對於美的熱愛和欣賞之中去。他們並沒有意識到，對於容易受到影響的小孩子，每一件和家庭有關的事情，即使是一幅幅照片、一張張海報、畫作，都會影響到孩子們正在逐漸形成的性格特徵。父母們永遠都不應該放棄任何一次讓自己的子女欣賞優美的藝術畫作、聆聽動人的樂章的機會；父母們應該嘗試著去讀書給孩子聽或者讓孩子、經常讀一些高雅的詩歌，或者出自名家的勵志文章，所有的這些都會用美麗的思想去填滿他們的心靈，打開他們的靈魂之窗，吸收上帝的思想以及圍繞在我們周圍的上帝的愛。那些感動了我們的年輕一代的影響力決定了人們的性格，甚至是我們一生的成功與幸福。

每一個心靈都會對美麗的人和事物產生共鳴，但是這種對於美的本能的熱愛必須要透過人的雙眼和大腦來撫育，必須要得到培養，否則它就會消亡死去。身處貧民窟中的孩子們對於美的渴求就如同對於金錢財富的渴求一樣，都是那麼地強烈。雅各布·奧古斯特·里斯[06]說道：「貧窮之人肉體上的飢餓，對食慾的渴望還不及他們對於美的渴望的一半強烈，或者說遠不像他們對美的渴望那樣難以滿足。」

里斯先生一直試著從他位於長島的家中帶些美麗的鮮花送給那些生活在紐約瑪律伯里大街上的「窮人們」。他說：「這些花從來就沒有到達那裡，當我從渡口剛剛走了還不到半條街的距離時，就被一群尖叫著的孩童團團圍住，懇求我分些花朵給他們，除非我送給了他們一朵，否則我就別

06　雅各布·奧古斯特·里斯（Jacob August Riis, 1849-1914），美國社會改革家、「扒糞運動」記者、作家和社會紀錄片製片人。

想再往前邁上一步。拿到了花朵後他們就跑開了，十分珍惜地保護著這些花朵，跑向某個他們可以將這筆財富深藏起來並且可以時時貪婪地欣賞它們的地方。然後又拉著那些胖胖的小寶寶以及矮小瘦弱的小孩回來，這樣他們也能分到一朵鮮花，當小寶寶們看見這來自田野的絢爛光芒時，眼睛變得又大又圓，這種光芒從未降臨過他們的身旁。嬰兒越小越窮困，其表情似乎就越渴望，就這樣我的花都被分光了。誰又能拒絕他們呢？」

「那時我一下子明白了，有一種飢餓比那種餓死人的身體以及寫上報紙頭條的飢餓還要嚴重，自此之前我對這一點只有一個模糊的了解。所有的孩子都熱愛美以及美好的事物。這是閃耀在孩子們身上的證明其神賜本性的一點火花！為了達到那種理想，他們的心靈在成長。當他們大聲呼喚美的時候，他們是在試圖用這種僅能使用的方式告訴我們，如果我們任由貧民窟的窮人們用骯髒、醜陋還有花草難生的堅硬泥土將理想餓死，我們就是在將那些我們不熟知的美的東西餓死。無論男女都可能會有著強壯卻毫無靈魂的身軀；但是身為一個公民，身為一位母親，她對於國家來說毫無價值。他們所留下的僅僅是貧民窟裡的汙跡。」

「後來，當我們侵占進入那片貧民窟並在那裡駐紮下來教授母親們將屋裡屋外裝飾一新；當我們把孩子們聚集到幼兒園裡，在學校裡的牆上掛滿照片，當我們建造了一所所美麗的新校園，建造了一排排的公共建築，讓陽光、綠草、鮮花、小鳥遍布這些曾經只有黑暗和汙穢的地方，當我們教孩子們去跳舞、去玩樂、去歡樂時，這個世界會是什麼樣子？天哪！一直以來就應該成為這樣我們試圖去擦除汙穢，抬起壓在明天的沉重的精神負擔，失去公民資格是一種比失去任何社團都要沉重得多的負擔，即使是失去了共和政體這都是可以長時間忍受的。我們正在償還未完結的那部分餘債，這部分債務是由我們那令人感到惋惜的忽視造成的，而且這是一項

好得不能再好的事業。」

百萬富翁先生，在紐約的貧民窟裡有很多窮苦的孩子，他們可以走進你的畫室然後從畫室裡一幅幅油畫上，一件件奢華的家具上收穫美的景象，而由於你的審美能力，良好的感悟性都早早地被你對於金錢的自私自利的追求壓制住了，因此這樣美麗的景象是你從未感受到的。

當今世界到處充滿了美的事物，但是大多數人沒有接受過訓練因而不能很好地辨別它們。我們不可能看清所有存在於我們身邊的美，因為我們的眼睛還沒有接受訓練，還看不見它，我們的審美能力還沒有被開發出來。我們就像和偉大的藝術家特納[07]站在一起的那位女士一樣，站在他最令人驚奇的風景畫前面，大為驚異地喊道：「特納先生，我怎麼就看不見那些你融入畫作中的自然界的景物。」

「難道你不希望自己能看到嗎，女士？」特納回答道。

想想在我們瘋狂地、自私地追求金錢之時我們將多少非常有趣的樂事拒之門外！難道你不希望自己也能看見特納先生在優美的風景中所見的，拉斯金在日落中所見的那些奇異景色嗎？難道你不希望自己也能夠更多地將美麗融入生活之中，而不是讓你的本性變得粗野，讓你的審美能力完全喪失，還有你那十分優秀的本能由於追逐生活中那些粗俗的東西逐漸枯萎，僅僅是為了多賺上幾美元，為了自私地從別人身上把某些東西搶奪過來就任憑你那種在人群中擠來擠去的獸性的本能滋生？

幸運的是，一個接受過感知美教育的人可以擁有一些失敗和逆境從他身上搶奪不走的繼承物。對於所有從早期就開始不辭辛苦地培養靈魂中培養美好素養、辨別力以及心靈的人來說，都可能會繼承到這些東西。

---

07 約瑟夫‧瑪羅德‧威廉‧特納 (Joseph Mallord William Turner, 1775-1851)，英國浪漫主義風景畫家，水彩畫家和版畫家，他的作品對後期的印象派繪畫發展有相當大的影響。在 18 世紀歷史畫為主流的畫壇上，其作品並不受重視，但在現代則公認他是非常偉大的風景畫家。

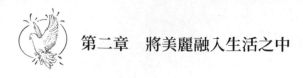

第三章
享受他人所擁有的

　　人必須要心胸寬闊，能夠接受所有值得接受的財富和美麗。學著讓自己被別人接受，吸收每一樣優秀的、真誠的並且美麗的能夠豐富人的性格、拓展人的生活，這些是極其重要的事情。

奧利弗・戈德史密斯[08] 在《世界公民》這本書裡描寫了一位滿身珠光寶氣的達官貴人，周圍簇擁的人群中有人對他表示感謝。「這個人是什麼意思呢？」這位達官貴人大聲問道。「朋友，我從來沒有贈送給你任何一件我的珠寶。」「對，是這樣的，」那個陌生人解釋說，「但是，你讓我看見了你的珠寶，而且那也是你想使它們達到的全部作用，除了你在欣賞這些珠寶時不太方便這一點，我們倆沒有什麼區別，不過我可不想像你那樣。」

　　透過華盛頓・歐文的介紹我們認識了一位法國侯爵，他談論到自己將凡爾賽宮和聖克勞德當作旅遊度假村、將樂麗花園和盧森堡綠樹成蔭的小巷當成他的小鎮遊覽地，他藉此安慰自己失去了法國的大城堡。

　　「每當我在這些優美的花園中徜徉，」他說道，「我就假想自己是這些花園的主人，它們就是我的。所有這些歡樂的人群都是我的拜訪者，並且我還不用費力去招待他們。我的莊園就是一座完美無憂宮，在那裡每個人都可以做自己喜歡做的事情，而且沒有人會煩擾莊園的主人。整個巴黎就是我的影院劇院，每時每刻都為我呈現著連續不停的奇觀壯景。我的餐桌散布在城市裡的每條大街上，成千上萬的侍者都做好了準備，隨時準備飛奔過來為我服務。當僕人們在我的身旁服侍的時候，我會付錢給他們，遣散他們，然後就結束了。我不用擔心他們在我轉過身去的時候會欺騙我或偷走我的東西。」對於所有的這些，這位面帶微笑的老紳士幽默地說道，「每當我回想起我所遭遇過的事情，並且思考我現在所享受的歡樂時，我就把自己看作是一位運氣絕佳的人。」

　　羅伯特・路易斯・史蒂文森（Robert Lewis Balfour Stevenson）曾經把他的畫作和用具打包，將它們送給了一位即將要結婚的死敵，然後他寫信

08　奧利弗・戈德史密斯（Oliver Goldsmith, 1728-1774），愛爾蘭詩人、作家與醫生。以小說《威克斐牧師傳》，他因為思念兄弟而創作的詩《廢棄的農村》，與劇本《屈身求愛》聞名。他同時也被認為創作了經典的童話故事《兩隻小好鞋的故事史》。

給一個朋友說他終於擺脫了自己的作品，自己曾經一度成為這些作品的奴隸。他說：「我懇請你，不要讓這些成為自己的拖累。你可能一個月也不會有一次心情去欣賞一下自己的畫作。當那種心情來臨的時候，去畫廊看看吧。此時僱用一些僕人擦去畫作上的灰塵，讓它以最優良的狀態迎接你的到來。」

少數人擁有了這些寶貴的財富，使得貧窮困苦的環境一下子變得豐富多彩起來，而另一些人則從金錢財富所帶來的奢華環境中一無所獲，這是怎麼回事呢？

這完全是一個類似與「吸收資料特性」的問題。有一些人對美視而不見。他們可以以一種漠不關心的態度在最為壯麗、最為振奮人心的風景之中遊覽。這些美景並沒有觸及他們的靈魂。他們感受不到那份令其他人心醉神迷的鼓舞。

理解美的能力取決於大腦吸收和接納生活中的美的能力。

我認識一位女士，她一生都居住在飽受貧窮困擾的街區，一直生活在汙穢和嘈雜聲之中，然而在這種粗陋的環境中，她養成了溫柔親切而又十分美麗的性格。她擁有著不可思議的靈魂魔法，可以將普通的東西變成稀世珍寶，能將醜陋的東西變得美麗，能將辛苦乏味的事情變成喜悅有樂趣。

這樣難得的性格就像是百合花一樣，從泥土和溼地的泥漿之中吸收了純潔和美麗。

能從周圍的環境和自己的閱歷中提取出一點點希望、幸福和成功的人是那麼地少！

你見過蜜蜂飛來飛去地從那可怕的並且毫不引人注意的蜜源上採集美味可口的蜂蜜嗎？我就認識這樣的一些男男女女，他們擁有這種從各種源

頭汲取生活中的美的非凡能力，並將其發揚光大。他們從最為令人厭惡的環境中提取出美麗。他們與那些最貧困、低劣、不幸的人交談，是因為他們明白這會使生活變得更甜美，使他們的閱歷更豐富。

　　因為逐漸地獲得了從接觸到的世間萬物中提取財富的能力而感覺到非常富有，這種習慣確實是一筆人生的寶貴財富。不管其他人是否是它們的所有人，我們為什麼不能為自己的雙眼所看到的財富而感到富有呢？為什麼我不能享受這豐富多彩的美麗花園，就好像它們為我所擁有一樣？在我經過這些花園的時候，我可以使這些絢麗的色彩為我所擁有。各種樹木、草坪、花卉的美都屬於我。其他人所擁有的那張小小的土地證並不能阻斷我對美景的所有權。農場、風景最美好的那部分，溪流和草原的美麗，河谷的斜坡，鳥兒的歌唱，還有日落都不能因為那張所有權證而被阻斷與我的所屬關係；這些美景屬於那些可以帶走它們的雙眸，屬於可以欣賞它們的心靈。

　　從各種不同的來源中收集歡樂的能力是一份神賜的禮物。它拓寬了我們的生活，加深了我們的閱歷，豐富了我們全部天性。那是一種用於自我修養的偉大力量。

　　有些人非常的刻薄小氣、毫無同情心而又胸襟狹窄，固執己見而又天性多疑，他們從來沒有將自己的本性打開，因而汲取不到他們周圍的財富和接觸到的美，所有他們接觸過的美麗。他們忌妒心強，小心眼，他們害怕打開那扇心門。其結果可想而知，他們的生活變得壓抑緊縮而又極度匱乏。

　　人必須要心胸寬闊，能夠接受所有值得接受的財富和美麗。

　　我認識一位生活在紐約的女士，她又矮又瘸，但卻有著溫柔親切、開放大度而又十分美麗的性格，這使得每一個人都喜歡她。她走到哪都會受

到熱烈歡迎，因為她喜歡每一個人，而且對每一個人都感興趣。她很窮，但是她能融入其他人的生活之中，她的熱心、無私的奉獻，她的熱情使我們身邊每一個身體健全、生活環境優越的人都感到羞愧。

我認識一個貧窮的人，他要比我所認識的那些有錢人快樂得多，僅僅是因為在他生活的早期，就學會了享受那些即使並不屬於自己的東西，因而在與那些東西接觸的時候從他身上從未見到過一丁點的羨慕和忌妒，相反他十分感激那些擁有這些東西的人。他的心靈如此的美麗，所有的大門都向他敞開著，因為他撒播著陽光和歡樂。

不管你是多麼貧窮或是多麼不幸，你都可以在毫無擁有或是照料它們很麻煩的情況下享受價值連城的藝術作品，還有那些稀世絕美的東西，就好像它們是你自己的一樣。想想維護那些擁有著美麗和舒適的城市大花園、宏偉壯麗的公共建築、環境優美的住宅、漂亮的私人花園和草地以及到處都有的美麗事物要花費多少錢啊，所有的這些即使在你沒有金錢的情況下也是可以享受到其中的樂趣的然而你可能依然會說自己一無所有。

一個人如果還沒有學會如何享受自己所不擁有的東西的話，那麼他就錯過了對於文化教養和人生體驗最重要的一堂課。

幸福的祕密就是要有高興快樂、容易滿足的心境。「他是一個不知滿足的窮人，他是一個對於自己所擁有的東西很滿足的富人。」並且可以享受其他人所擁有的東西帶來的樂趣。

孩子們從小就要學會，不管身處多麼卑微的境況，都要去感受財富、善良、美麗以及別人的經歷之中的豐富多彩下。在年輕的時候，打開人的本性，保持人的內心中每條大路都寬闊地敞開並且保持容易與人引起共鳴的性格；學會讓自己被別人接受，吸收每一樣優秀的、真誠的並且美麗的能夠豐富人的性格，拓展人的生活，這些是極其重要的事情。

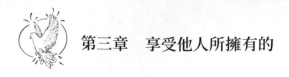 第三章　享受他人所擁有的

第四章
個性是成功的資本

　　一個人能夠對自己做的最好的投資就是養成高雅的舉止、誠懇的態度、寬宏的氣度，這是一種使人快樂的藝術。因為所有的大門都向快樂愉悅的性格敞開著，所以它產生的力量要遠遠大於金錢財富。

這是一種難以言表的特性，有些人擁有它甚至已經到達了超乎尋常的程度，這個特性使得聽眾一聽到一提到布萊恩、林肯或羅斯福這些名字時就變得狂熱，近乎瘋狂地鼓掌歡呼。這種個人的強大氣場使得克萊成為他信徒的偶像。儘管卡恩霍恩[09]可能是一個更偉大的人，但他從來沒有激發出如「疾風驟雨」般的熱情。丹尼爾‧韋伯斯特[10]和查爾斯‧索姆奈[11]同樣都是偉大的人物，但是他們都沒有激發出一丁點像布萊恩和克萊博得的自發的熱情。

　　一位歷史學家在衡量科蘇斯‧拉約什[12]對於民眾的影響時說道：「我們必須首先考慮演講者的身體塊頭，然後才能衡量這個演講家的氣場。」如果我們的洞察力足夠敏銳並且經過足夠精細的驗證的話，我們不僅能夠測量出旁人的魅力，同時對於我們的同學和年輕朋友的未來潛能也能夠做出更加準確的估計。對於一個人所處的地位，我們常常會產生錯誤的看法，這是由於我們習慣於僅僅以一個人的能力來衡量某個人，而不是將他的氣場或個人魅力看作是一種成功的關鍵。然而這種個人的魅力不但與人的發展提升有關，也與人的智力或者教育有關。當然，我們經常會看到一些能力平庸卻有著優秀的人格表現、莊重的行為舉止和富有感染力的品行的人，會迅速地超過那些天資更加聰穎的人。

　　我們可以從這樣的演講者身上找到個人魅力能夠產生影響的有力證據，在進行演講時，他像漩渦一樣吸引住了他的聽眾，然而這些個性元素

09　卡恩霍恩（John C. Calhoun, 1782-1850），美國政治家、政治理論家、第七任美國副總統、曾任國務卿、戰爭部長。

10　丹尼爾‧韋伯斯特（Daniel Webster, 1782-1852），美國著名的政治家、法學家和律師，曾三次擔任美國國務卿，並長期擔任美國參議員。一生政治觀點多變靈活。1957 年，美國參議院將韋伯斯特評選為「最偉大的五位參議員」之一。

11　查爾斯‧索姆奈（Charles Sumner, 1811-1874），美國著名政治家、律師、演講家、廢奴主義者、共和黨參議員。

12　科蘇斯‧拉約什（Kossuth Lajos, 1802-1894），匈牙利革命家、政治家、匈牙利民族英雄。匈牙利西元 1848 年革命領導人，擔任革命中獨立的匈牙利共和國元首。革命失敗後，被迫流亡海外。

並不能附加在他的那些冰冷的書面文字上，任何讀了這些講稿的人都不會有一丁點的感動。這些演講者所帶來的影響力幾乎完全取決於他們的外在表現從他們身上散發出的魅力要比演說家所說的或者所做的更為重要。

個性魅力是一種天賦，它可以影響最堅強的性格，而且有時甚至可以操控國家的命運。

我們在不知不覺中就受到了那些擁有這種吸引力的人的影響。一走到他們跟前我們就會有種膨脹的感覺。他們發掘了我們以前完全不了解的潛能。我們的眼界變得開闊了；而且我們會感到一種全新的力量在身體中湧動，使我們躍躍欲試；我們感受到了解脫，就好像壓在我們身上的巨大負擔已經被移走了一樣。

我們可以和這樣的人以一種連我們自己都吃驚的方式進行交談，儘管可能那只是我們第一次相遇。與我們預想的那樣相比，我們會更加清晰雄辯地表達自己。他們發掘出了我們自身中最寶貴的東西；他們引導著我們，好像是我們找到了更加強大的自我、更加優秀的自我。在他們面前，奮進和渴望一下子衝進了我們的腦海之中，在此之前這些東西是不曾激勵過我們的。突然間生命有了更高尚更神聖的意義，要比過去做得更多更好的欲念激勵著我們。

可能就在幾分鐘以前，我們還在悲傷失望，可是，突然間這種有巨大影響力的個性力量猶如閃光訊號燈一樣，開啟了我們生命中的一個巨大裂口，將深藏起來的能力展現在我們面前。悲傷讓位於歡樂，絕望讓位於希望，沮喪洩氣讓位於勇氣。我們對美好的事物充滿了感動；我們已經瞥見了那更加美好的理想；此時，我們改變了自我。過去的平常生活，缺少了目標和努力，已經漸漸地淡出人們的視線，帶著更美好的心靈和更加強烈的理想，我們下定決心，用那些展現在我們身上的力量和潛能進行奮鬥。

即使是和擁有這種性格的人有短暫的一面之緣,似乎也會使我們的智力和精神力量倍增,就像兩臺巨大的發電機會使透過導線的電流加倍一樣,我們不願離開這神奇的魅力,以免我們失去這種剛剛獲得的能量。

另外,我們經常會碰見一些能使我們枯萎退縮的人。他們一走近我們身旁,我們就會感受到一陣陣冰冷的寒意,就好像在仲夏時分一股寒流吹在我們身上一樣。一種令人頹廢消極的情感從我們身邊走過,似乎使我們突然間變得狹小了許多。我們感受到了一種能力的流失。在他們的面前我們的微笑變得比在葬禮上還要少。他們陰暗消沉的氣質使我們的興奮熱情冷卻了下來。在他們的面前我們沒有任何一點擴展自己的可能性。就像是一片烏雲突然間遮擋住了陽光明媚的夏日晴空,他們的陰影籠罩著我們,使我們焦慮不安。

我們會本能地感覺到這樣的人不會同情體諒我們的渴望,而且我們自身的熱情正緊密地守衛著我們所有的希望和目標。當他們靠近我們的時候,我們的美好目標和渴望都在收縮,溫情的魅力也隨之消失,而且生活似乎失去了顏色和光彩。他們的出現只會消磨我們的意志,而我們也只能趕緊撤離。

如果我們仔細地研究了這兩種性格的話,就會發現其中的主要區別就是前者關愛別人,而後者則不是這樣。當然,那種傑出的影響他人的處世風格以及使萬眾歸心的個性魅力很大程度上是人的先天才能。但是我們會發現那些在實際生活中大公無私的人,那些真心地關切其他人幸福的人,那些認為擁有可以幫助同伴做什麼的人是無處不在的即使可能缺少優美的行為舉止和高雅的風采,這種人無論走到哪裡都會是一股振奮人心的力量。他會給每一個接觸過他的人帶來鼓勵和提升。他會博得所有與他有過接觸的人的信任,會受到他們的愛戴。只要我們願意,我們每個人都可能

培養出這種崇高的人格。

這種難以捉摸、神祕莫測的東西，有時我們將其稱作個性或者人格，它時常會比那些可以評價的力量或者可以定性的素養更重要。

許多女性天生就有這種吸引人的特質，這種特質與相貌上的美麗完全不同。通常，很多相貌平常的女性都擁有這種特質。非常明顯的一個例子就是某些管理著法國沙龍的女性絕對要比坐在王座上的皇帝擁有更強大的控制權。

在一次社交聚會上，當時交談勉強拖沓地進行著，興趣也在慢慢減退時，某位有著迷人個性的耀眼女性走了進來，她的到來立刻扭轉了全場的氣氛。她可能不是非常溫雅美麗，但是每個人都會被她吸引，和她交談是一種特殊的榮幸。

擁有這種非凡特質的人們常常並不知道這種力量來自哪裡。他們所知道的僅僅是他們擁有這種能力，卻不能加以定位和描述。然而它就像是詩詞、音樂或者藝術一樣，是種天生的才能，伴隨人的出生而生，這種能力同樣也可以培養。

那些吸引他人的性格魅力通常是來自優美高雅的行為舉止。機智通常也是一個非常重要的因素它僅次於最為重要的良好修為。一個人必須清楚地知道自己要做什麼，然後才能在恰當的時間做正確的事情。準確的判斷和豐富的常識對於那些試圖獲得這種魔力的人來說是不可或缺的。高雅的品味同樣是個人魅力中一個重要的因素。你可能會因為冒犯別人的品味而傷害到他們的感情。

一個人能夠對自己做的最好的投資就是養成高雅的舉止、誠懇的態度，寬宏的氣度，這是一種使人快樂的藝術。因為所有的大門都向快樂愉悅的性格敞開著，所以它產生的力量要遠遠大於金錢財富。它們不僅僅是

受到歡迎，世界各地的人們都在尋找這種藝術。

　　許多年輕人都將他在生活中的進步提升或者人生的起步歸功於樂善好施的性情和樂於助人的品格。這也是林肯偉大的品格之一；他有著幫助他人的熱情，一種在任何情況下都會令他人愉快愜意的熱情。赫登先生林肯的法律事務顧問說道：「當林肯下榻的拉特利奇飯店人滿為患時，他經常會讓出自己的床位，在自己工作間的櫃檯上用一堆棉布當作枕頭睡覺。不知為什麼，每一個遇到困難的人都會向他尋求幫助。」這種慷慨助人的渴望使得林肯深受人民的愛戴。

　　使人高興滿足的能力是一筆巨大的財富。還有什麼能比那種總是吸引人而不是將人排斥於千里之外的性格更加寶貴的呢？這種人格不僅僅在生意場上左右逢源，在生活的各個方面都是如此。這種性格會培養出政治家和政客；它會為律師吸引來當事人，也會為醫生吸引來患者。對於牧師來說這種人格就是他全部價值的展現。不管你從事什麼樣的職業，養成吸引他人的舉止魅力和個人性格這一點的重要性，即使給予再高的評價也不過度。他們會替代資本或者權利。他們常常還可以替代大量的艱辛勞作。

　　有些人，他們吸引生意買賣、顧客、委託人和病人，就像磁石吸引金屬顆粒一樣，是那麼自然而然的一件事。每件事物都朝他們的方向聚攏，小鐵粒向著磁石的方向運動也是同樣的原因因為他們都受到了吸引。

　　這樣的人就是商界的磁石。生意也會圍繞著他們運轉，即使表面看來他們所做的努力還不及那些成功人士的一半。他們的朋友都會把他們稱作「幸運兒」。但是如果我們仔細分析這些人的話，我們就會發現他們都擁有著吸引他人的魅力。通常是這些人個性的魅力贏得了所有人的芳心。

　　許多非常成功的生意人和各行業的專業人士都會很驚訝，如果他們仔細地分析了自己的成功的話，他們就會發現自己習慣性的謙遜和其他一些

優良的性格在他們成功的道路上幫了多大的忙。若不是因為這些，他們的睿智、長遠的眼光和商業技能，所取得的成就可能連現在的一半都不到；不管一個人是多麼的神通廣大，如果他們魯莽鄙陋的舉止趕走了他們的客戶、病人或者顧客，如果他們的個性遭人反感，他們就總是會處於不利的地位上。

　　培養自己受人歡迎的素養總是會有所回報的。它會使成功的可能性加倍，啟發人們，建立起良好的性格。要想受到他人的歡迎，就一定要摒棄自私自利，就必須要克制壞脾氣，像紳士或淑女那樣彬彬有禮、和藹親切並且待人友善。在試著使自己成為受歡迎的人的同時，這個人就已經踏上了通向成功的路途了。結識朋友對於成功來說可謂是一味強心劑。在危機到來的時候，當銀行倒閉的時候，當生意走向失敗的時候，能夠幫助你力挽狂瀾的東西才是最重要的。有那麼多的人在熊熊大火或洪水，或者其他一些天災人禍捲走了一切之後還可以東山再起，就是因為他們養成了得人心的性格，因為他們學會了讓自己快樂的技巧，學會了結交朋友和牢固友誼的技巧！人們會深受到他們的友情、他們的好惡的影響，與冷漠、毫不關心他人的商人相比，那些受人歡迎的商人在這世界上享盡了各種優勢，因為，客戶、委託人或是患者會向那些受歡迎的人尋求幫助。

　　培養待人熱情的藝術。它將會幫助你去表達自我，這是其他任何事物都無法做到的；它會喚醒你所有的成功特質；它會拓寬你的同情心。培養其他更美好的天賦要比具有這種天生的才能困難，而培養這種才能相對容易是因為它是由許多其他的素養構成的，而這些素養都是後天可以培養的。

　　我從來沒聽說哪個完全無私的人會不受人歡迎。而且沒有一個總是為自己盤算並且挖空心思從別人身上撈取好處的人會受人歡迎。我們自然而然地就討厭那些總是試圖向別人索取但是從不為別人著想的人。

受人歡迎的祕訣就是要讓你自己本身快樂滿意。如果你為人隨和，那麼你就一定是寬宏大量的人。心胸狹窄、做事拖沓的靈魂是不會受人愛戴的。人們往往會敬而遠之。在言語表達、微笑、握手之時，必定包含真心，這是毋庸置疑的。即使是鐵石心腸的性格都無法抵擋這些個性魅力，就像人的雙眼無法抵擋住太陽的強光一樣。如果你能夠散發溫柔甜美和光明，人們自然會喜歡接近你，因為我們都期待陽光，試圖擺脫陰暗。

不幸的是，家庭和學校很少教授這些東西，而我們的成功和幸福卻很大程度上依賴於它們。事實上我們中間的許多人並不比那些沒有接受過教育的粗野之人好到哪去。可能我們知識淵博，但是當我們應該寬宏大量、慷慨大方、有同情心的時候，我們卻表現得吝嗇小氣，生活在狹窄受約束的生活之中。

那些有著強烈的人格魅力處處受歡迎的人，為了養成受人尊重的性格和品行，他們要承受無盡的痛苦。如果那些天生就喜歡過著離群索居生活的人想要成為大眾關心的人，他們就要勇於為此花費更多的時間並且承受更大的痛苦，那樣他們就會創造奇蹟。

每個人都會受到良好性格的吸引，並且無論何地都會抵制不受歡迎的性格。富有吸引力的品格的全部準則就在下面這句話裡：優雅良好的行為舉止可以取悅他人，粗俗魯莽的性格則會使他人感到厭惡。我們情不自禁地就會被那些總是幫助我們的人所吸引那些人對我們施捨著同情心，總是在嘗試著使我們感到舒適安樂並且盡其所能地給予我們便利條件。

另外，我們會對那些總是試圖從我們身上得到些什麼東西的人感到厭煩，那些人為了搶占車廂或者禮堂裡最好的座位會不顧一切，那些人總是在尋找最舒服的椅子，挑選最精美的菜餚，那些人總是想要在餐館和飯店裡第一個得到服務，從來不會考慮其他人。

能否展現最好的一面完全取決於你的自身。為了接近某人，為了在初次見面時留下美好的印象，為了接近潛在的客戶，就要像與他相知多年一樣，不去冒犯他的喜好，不要引發偏見，而是要取得他的同情和好感，這是一項了不起的本領，它能夠帶來豐厚的回報。

　　親切的個性是一種魅力。故意怠慢那些擁有這種魅力的人是件很困難的事情。他們身上的某些東西可以制止住你的偏見，不管你有多的繁忙或是多麼焦慮為難，或是你有多麼不喜歡被打擾；無論如何你都不會對擁有這種魅力的人置之不理。

　　當與那種有著強大人格魅力的人接觸後，很多人都會有這樣的感覺和變化：思想變得銳利，能力得到極大地提升，他們的人格魅力激發了那些隱藏的此前從未夢想過和擁有過的能量，讓我們說出或者做出獨自一個人時不可能完成的事情，我們會感到自己的能量在成倍地增加。演說家投放給觀眾的力量來源於聽眾，首先從聽眾的身上汲取養分，但是他們並不能像化學家那樣，從各個瓶子裡可以取出他想要的化學物質，他們從各個單獨的聽眾身上汲取不到那麼多的能量，只有經過不斷的接觸、融合才可以產生新的創造力、新的力量。

　　我很少注意到我們所取得的成就，其實很大程度上要得益於其他一些幫助我們的人，他們強化了我們的才能資質，將希望、鼓勵和有益的幫助播撒進我們的生活，並且在精神上支援、鼓勵我們。

　　我們很容易高估單純的書本教育的價值。學院教育的價值大部分來自於學生間的社會來往和透過人際社交所帶來的鞏固和提升。他們的才能本領透過思想間的摩擦、頭腦間的碰撞得到增強，變得完美，這些摩擦和碰撞激發了人的雄心抱負，點亮了人的理想之燈，打開了希望之窗。書本知識是有價的，但是來自於思想交流的知識則是無價的。

兩種性質迥異的物質，彼此間卻有著化學上的親和力，二者結合產生的第三種物質，可能會比這兩種物質之中任何一種，甚至比這兩種加在一起都要強大得多。兩個彼此之間有著強烈的親和力的人經常會催化出一種活躍力量，而他們在此之前從來都沒想過自己會擁有這種力量。許多作家都將他們最偉大的作品和至理名言歸功於朋友，這些朋友喚醒了他們的潛能，要不是這位朋友，這種潛能可能還仍然處於休眠狀態之中。藝術家可能會被一件傑作之中蘊含的精神力量所觸動，或者被某些他們偶然碰見的人感動，在他們看來，這位藝術家發現了別人不曾發現的東西，或者具有了成就某件不朽傑作的力量。

　　和自己的同伴打成一片就是一段探索的旅程，去找尋內心深藏能量的那一片新大陸，要不是朋友的幫助，這種能力可能就會永久地被埋藏起來。每一個他所遇見的人都會給他帶來疑惑，如果他能仔細探究一下的話，他就會獲得一些此前從不了解的東西，那些東西會在他前進的路上給予幫助，會豐富他的生活。沒有哪個人會發現自己是孤單的一個人。其他人會發現你的才能。

　　當你明白了如何正確看待自己在社交場合上與他人交際的時候，你會從中受益良多。但事實是這樣的，你可以從他們身上獲取到很多東西，但是同時你也要將你自己的很多東西給予他們；你散發出的熱量越多，你就會心胸越寬廣、越慷慨大方，你就會更加遊刃有餘地與人來往，而你所得到的回報也就會越多。

　　如果你想獲得更多的回報，那麼你就必須有更多的付出。除非湍流從你身上散發出去，否則無法向你奔騰而來。你從其他人身上獲得的所有東西不過是你所有付出的一種反映。在你付出的時候，你越是慷慨大方，你獲得的回報就越豐盛。如果你在付出的時候吝嗇、勉強、小氣，那麼你也

不會獲得什麼回報。在你可能會獲得如奔湧的江河一般的祝福的時候，你必須以一種全身心、慷慨大方的態度奉獻自己的一切，否則你所獲得的回報就只能像小溪流一樣。

一個本可以均衡發展、豐富多彩的人，充分利用了每一次從各方面接觸生活的機會，但除了自己的那點專長仍然只是個小人物，這是因為他沒有拓展自己的社交管道。

錯過任何一次和我們同類的人結識的機會，尤其是與那些比我們高明的人的來往機會，都是莫大的錯誤，因為我們總能從他們身上得到些有價值的東西。正是透過社會來往，我們身上那些粗糙的稜角才會得以打磨，這樣我們就會變得睿智而富有吸引力。

如果你決心走進社交生活：要為它付出些什麼東西，讓它成為一所能夠自我提升並且激發出最優秀的社交本領，能夠啟動那些由於缺乏經驗而被壓抑的富有潛能的腦細胞的學校，那麼你就會發現原來社交場合既不使人感到厭煩也不是讓人徒勞無益。但是你必須要為社交生活付出些什麼，否則你就會一無所獲。

當你學會如何將每一個你結識的人都看作是擁有了一筆寶貴財富的時候，它就會豐富你的生活，擴展你的經歷並且促使你成熟，你就不會認為在會客廳裡度過的那些時間是被浪費掉了。

那些決心付諸行動的人會將每一次經歷都看作是一位人生的導師、文明的巨匠，這些經歷會使生命更加的豐富多彩。

不管是對年輕人還是對老年人，率直的性格是令人愉快的重要性格特點之一。每個人都欽佩讚美那些敞開心扉、坦誠相告、不去掩飾自身的缺點和弊病的人。通常來說，他們心胸寬廣、寬宏大量。他們能夠激發出愛和自信，而且由於他們的率直和質樸，也會激發其他人身上相同的素養。

隱匿會拒人於千里之外，而率直則會吸引人。引起懷疑和猜忌的念頭傾向總是會引起隱藏和掩蓋。本性率直誠實的人，有著陽光般的本質，人們都會對其毫無條件地加以信任。而那些虛偽、有所隱藏的人，不管他們看起來是多麼的優秀，人們都不會委以信任。和這些樂於隱匿的人相處就像是在漆黑的夜晚駕駛著汽車一樣，總會有一種不確定的感覺在裡面。我們可以置之不理，但是總會有一種潛在的對於某些在我們前方的陷阱或是未知的危險的恐懼。因為這種不確定性，我們會感覺到不舒服。他們可能沒有任何問題，也可能只是應付我們，但是我們不放心而且也不會相信他們。不管這種善於隱匿的人表現得多麼有禮貌多麼親切，我們都擺脫不了自己心裡的那種認為在他們的客氣禮貌背後可能另有動機的情緒，並且認為他們正在考慮隱匿在心裡的企圖。他們總是像謎一樣的難解，因為他們在生活之中總是帶著一副面具。他們竭力隱藏著各種對他們不利的性格特徵。除非他能改掉這樣的毛病，否則我們永遠不會看到一個真實的人。

　　還有一些人，他們經常出現在公共場合，毫無隱瞞，總是向我們顯示他們的真心，總是十分坦白直率、寬宏大量、慷慨大方，他們是多麼地不同！他們如此迅速地就贏得了我們的信任！我們所有人是如此喜歡並信任他們！我們能夠包容他們的疏忽和弱點，因為他們總是準備承認自己的錯誤，並且總是準備去彌補。如果他們有什麼不良習慣，也總是暴露無遺，我們也總是體諒他們。他們的內心是完美無瑕而且真誠的，他們的同情總是寬厚主動。他們所擁有的那些特殊的素養坦白率直和質樸，有助於使他們成長為極其高尚的人。

　　在南達科他州的布萊克山區居住著一位地位卑下、沒接受過什麼教育的礦工，他博得了所有人的喜愛和良好祝願。「你會情不自禁地喜歡上他的。」一位英國礦工這樣說道，當被問到為什麼其他礦工和當地的人會

情不自禁地喜歡他時，他回答說：「因為他有一顆真心，他是一個真正的男人，他總是幫助那些身處麻煩的孩子，你去他那裡從來都不會空手而歸。」

聰明英俊的年輕人，東部名校的高材生，都去那裡尋找著他們的前程；許多很有才幹而且很強壯的人從全國各地被淘金熱吸引過來；但是這些人之中沒有幾個能像這位窮苦的老人那樣保持住大眾的信任。他幾乎寫不出自己的名字，也不知道上流社會的條條框框，然而他就是這樣在當地居民的心中牢固地樹立起自己的高大形象，只要「艾克」還生活在那裡，不管是哪個其他受過高等教育或是受過教化的人，都沒有機會在選舉中戰勝他而當選。

他被選為小鎮的鎮長，並且被派往立法機關，儘管他連一句合乎語法的句子都講不出來。這完全是因為他有「一顆真心」，是一個真正的男人。

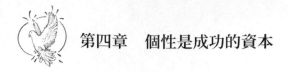 第四章　個性是成功的資本

第五章
如何獲得社會來往上的成功

　　將人們吸引到自己身邊最好的方式就是讓他們感覺到你對他們感興趣。你絕不能為了達到這樣的效果而刻意為之。你一定要真正地對他們感興趣,否則他們會察覺到那是一種欺騙。

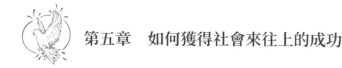

使人愉悅的能力是一筆重要的成功財富。它會為你做一些金錢不會幫你做到的事情。它會經常地給你帶來資本，而這是經濟上的財富無法保證的。人們會受到他們喜歡的和不喜歡的事物的控制。我們受到了那種使人愉快的、有魅力的人格的強烈影響。有說服力的行為舉止通常是不可抗拒的。甚至坐在審判席上的法官也經常會感受到它的迷惑力。

賈斯特菲爾德[13]勳爵將使人快樂的藝術稱作是最美好的一種天賦。這是一種非常重要的社交能力。如果你想讓自己受到別人的歡迎，你就必須採取一種受歡迎的態度，而且最重要的是，你一定要能使別人對你產生興趣。如果人們對你不感興趣的話，他們就會迴避你。但是如果你能變得充滿陽光，總是高高興興的、樂於助人而且十分親切和藹的話，如果你能在自己周圍的各方各面都播撒上陽光的話，就算是隔著幾條大街人們也會走過來與你相會，而不是試圖要躲開你，這樣一來，使自己成為一個受歡迎的人就不會費力了。

將人們吸引到自己身邊最好的方式就是讓他們感覺到你對他們感興趣。你絕不能為了達到這樣的效果而刻意為之。你一定要真正地對他們感興趣，否則他們會察覺到那是一種欺騙。

如果你迴避別人，你就一定是存心讓他們也迴避你；而如果你總是在談論一些關於自己的偉大成就的話，你也會發現人們會逐漸離你遠去。你沒有讓他們感到高興。他們希望你能談論一些關於他們的事情，也希望你能對和他們有關的事情感興趣。

13　菲力浦‧道摩‧斯坦霍普，賈斯特菲爾德第四任伯爵（Philip Dormer Stanhope, 4th Earl of Chester-field, 1694-1773），英國政治家、演說家、上下兩院的議員、外交家和文學家。因寫給私生子菲力浦‧斯坦霍普（Philip Stanhope）的書信而聞名。這些書信風格簡潔優美、充滿了處事智慧、睿智的建議和犀利的評論。直到現在，「賈斯特菲爾德式」（Chesterfieldian）仍然表示溫文儒雅的意思。賈斯特菲爾德出生在倫敦，活躍於政界，他與伏爾泰保持書信連繫，是斯威福特和亞歷山大‧波普（Alexander Pope, 1688-1744）的朋友。

如果你總是拉長著臉，總是擺著不友善、令人討厭的臉色，那麼你在雇員和其他人中間不受歡迎，就不會令人感到驚訝了。每個人都喜歡歡樂和藹的表情。我們總是在尋找陽光，我們想要遠離烏雲和陰霾。

　　很多人認為，所謂的真正修養和高雅在很大程度上只是裝模作樣。他們認為只有那些尚未被加工的鑽石才是真正的鑽石。他們會說，如果一個人是真誠的，如果這個人擁有了那些高尚的素養並且忠於真理，那麼不管他的外表是多麼笨拙粗野，他都會受到別人的尊敬並且終將會獲得成功。

　　這種爭論只在很有限的範圍內是有益的。一個有價值的人，猶如一塊未被加工的鑽石，不管它們可能會有多少內在的價值，沒有人會考慮去佩戴那種未經過切割的鑽石。一位男士，他可能擁有一些價值百萬美元的尚未切割的珠寶；然而，如果他拒絕將這些珠寶切割打磨的話，就不會有人欣賞到它們的美麗。沒有經過訓練的眼睛就沒辦法將他們與普通的水晶區別開來。它們的價值取決於其光澤度，以及鑽石切割工從它們的身上激發出的美。

　　所以，一個人可能掌握了很多令人羨慕的技能，但是如果他們都被掩藏在粗糙、笨拙的外表下的話，大部分本身固有的價值就會被剝奪。只有那些敏銳的觀察者或識人的行家才能發現他們。切割打磨對於鑽石所做的改造，就如同教育和高雅的社會交際對於生活在簡陋環境裡的外粗內秀之人所做的改造一樣。良好的教化、有魅力的個性以及優雅的舉止所帶來的高雅都會將其自身價值增強一千倍。

　　這世上最困難的事情莫過於改變我們對於某個人的第一印象了，不管印象是好是壞。我們沒有了解到當我們第一次見到某個人的時候，我們的頭腦運轉的速度有多快。我們眼觀六路耳聽八方；我們的頭腦在忙著根據我們的判斷尺度衡量這個人。我們機警地留意他們有何長處和弱點。每一

句話、每一個動作、行為舉止、嗓音我們的頭腦可以很快地吸收每一件事，而且我們的判斷不僅形成的速度快而且十分穩固，所以要改變我們對於某個人的第一印象是非常困難的，甚至可以說是幾乎不可能的。

粗心大意、笨拙不機敏的人不得不經常花費大量時間來克服自己給其他人留下的負面的第一印象。他們透過寫信來道歉解釋。但是這樣的道歉和解釋通常是沒有任何效果的，因為與那些通常存留持久的第一印象的強大畫面相比，儘管不惜一切努力去進行改變，但是仍然是杯水車薪、回天乏力。因此這對於那些試圖讓自己給人留下小心謹慎的印象的人來說是至關重要的。在職業生涯的初期，給人留下負面印象可能會將這個人阻攔在榮譽大門之外並且會貶低自己的價值。

如果你能給人留下這樣的印象：第一你是一個男人，你的男性的剛毅地位高於其他任何事物，正直、誠實和高貴是和你有關的最突出醒目的東西，並且高高地聳立在其他的素養之中，如果人們能夠在你所展現的每一件事背後看見一個真正的男人，你就會獲得整個世界的信任。

我認識一個男人，有成千上萬像他這樣的男人，他不明白為什麼人們總是躲著他。如果他去參加社交聚會，人們似乎都試圖遠離他所在的那一邊。當其他人在盡情地享受歡樂、說說笑笑的時候，他卻獨自安靜地躲在屋子的角落。如果他無意中成為受人關心的焦點，那麼似乎有一種離心力作用在他的身上，這種力量很快就會將他拖出來，使他重新回到他那孤獨的小角落。很少會有人邀請他去參加什麼聚會。看上去他好像是一個社交方面冷冰冰的人在他的周圍沒有任何的溫暖，也沒有任何的吸引力。

至於這個人不受歡迎的原因對他自己來說是個謎。他有著巨大的潛能，是一位辛勤的工作者，在他的日常工作結束之後，他喜歡去放鬆，喜歡和他的朋友們混跡在一起，但是他絲毫沒有獲得自己所期待的樂趣。他

會羞辱地發現人們會不停地躲避自己，然而其他一些能力不及其一分的人，無論走到哪裡都會受到歡迎。他不知道自私自利對於自己的受歡迎度來說才是最根本的障礙。他總是考慮著自己的事情。他不可能從頭腦中將自己或者自己的生意驅趕出去，然後有足夠的時間來對其他人和事產生興趣。不管你和這樣的人談過多少次話，他總想把話題引到他自己或者他的生意上來。

男人通向社交成功的道路上還有另一道障礙，那就是他並不知道吸引力的奧祕。他不知道每個人都是一塊具有吸引力的磁石，以各自精確的磁力強度把事物吸引到自己習慣的想法和動機上來。總是考慮自己的人成為一塊自我磁石，只對自己的事情感興趣而沒有別人。他總是認為自己會成為一個自我吸引的人，吸引自己，而沒有其他人。許多人都成為了金錢的磁石。他們的思想被金錢財富長時間地牢牢抓住，導致了他們只對金錢感興趣對其他任何事物毫無興趣。還有一些人變得十惡不赦，因為他們使自己成為了吸引罪惡的磁石。

另外，有些人的思想和性格是如此的美麗，每一個與他們接觸過的人都會有一種歸屬感和親切感。他們周圍的每一個人都喜歡他們、讚美他們。這些有著博愛之心的人被世人所愛，因為他們熱愛每一個人。

他們是可以吸引各種不同類型的人的磁石，因為他們心胸寬廣，容得下所有人。他們對所有人都感興趣，他們對每一個人都飽含博愛和寬容。

我們會本能地去衡量一個人的最具有影響的素養，並且在適宜的情況下對每一件和他有關的事情做出評判。一旦我們了解到一個人的主要素養，就會立刻明白他是一個孤傲之人，還是一個慷慨大方、思想開放、坦誠相待、人格魅力十足、懷有一顆博愛之心的人。

一個人只要他依舊保持著冰冷的態度，以自我為中心，並且總想著自

己，對於其他人來說他就沒有任何的吸引力。他會遭到別人的迴避和厭煩。沒有人會主動找他。這恰恰就是一個使自己成為一塊什麼樣的磁石的問題。從他表現出對其他人的關心和感興趣的那一刻起，他就具有了磁石的魔力，就會吸引其他人。他對別人的吸引力與對別人的關心度成正比。只要他設身處地的為別人著想，真正關心他人的幸福，不再將話題轉向自己，那麼無須太久，其他人就會對他產生興趣。只有一種方式可以得到別人的愛，那就是去付出自己的愛。愛會破壞自私自利和自我意識之間的緊密連繫。停下來，別總是考慮自己，關心其他人吧；培養起自己對他人的讚美賞識和熱愛，激發自己真心去幫助他們實現願望，然後你就不會失去別人的愛戴，最終會成為一個受歡迎的人。

有許多人總是會遭到別人的迴避，因為他們總是將自己封閉在一個人的小圈子裡，只是一門心思地從事自己的事情。他們離群索居太久，失去了與外界的連繫，變得與現實世界格格不入。他們一直長時間地過著主觀個人的生活，因而客觀的生活對他們來說是完全不可能的事情。他們沒有了解到，獨自一人生活並且對其他人絲毫不感興趣，時間一長就會切斷吸引他人的力量之源，就會使他們的同情心枯竭乾涸，直至他們停止產生任何一點溫暖或者能量，最終會成為人類的冰柱，如此地寒冷以致他們略微的露面都會使其周圍的所有氛圍戰慄發抖。

人類就是這樣延續下去的，因此通常情況下人不能獨自生活。人類生活中大部分的美好事物都來自於其他人。人是一種與其他事物存在關聯的生物，當把一個人與其同伴的連繫切斷開來時，他就會失去大半的力量。一個人變得偉大，是因為他與其他人的生活始終保持著接觸，這種接觸使他們之間建立起了一種必不可少的密切連繫，使得他們的生活和思想在彼此之間相互激盪。

一串綠葡萄從葡萄藤上摘下來的那一刻起它就開始了枯萎。從給它提供養分的那些生命液被掐斷了供給的那一刻起，它就逐漸變得蕭條和乏味。它就會變得毫無價值。葡萄藤的功效在於它是汁液的通道，在於它透過藤蔓從泥土向葡萄輸送養分。它不可能單獨成就什麼事情。當它的能量之源被切斷的時候，它就會停止生長，之後就會枯萎死去。

　　一個人不過是生長在偉大的人類葡萄藤上的一串葡萄而已。從他切斷與自己的夥伴的連繫的那一刻起，他就開始枯竭凋萎。在人類種族的團結方面也有一些類似的東西，但是在所有人類個體組成的總體方面並不能得到合理的解釋。就像吉卜林說的：「狼的力量存在於狼群之中。」從主體中的分離經常會連帶產生個體之中力量的巨大損失，就像在分離鑽石的分子和原子時會有大量的內聚力和吸附力損失一樣。珠寶的價值就在於這緊密的接觸、緻密性以及組成它的小微粒的密集程度。一旦這些微粒被彼此分離開來，那麼它的價值也就會隨之消失。性格堅強、有影響力的人通常都是從與其同伴的那些極其重要的連繫當中獲得他大部分的力量的。

　　人類無論在物質上還是在精神上都是雜食動物。人需要各種不同類型的精神食糧，這些食糧只能透過和不同類型的人來往才能夠獲得。自將一個人從他的同伴中分離出來那一刻起，他就開始逐漸墮落退化。那些被囚禁起來，多年不與其他人溝通連繫的孩子已經退化到白痴的地步了。

　　一個人強大與否和他從其他人身上吸收過來的力量的數量、素養和種類有關。強者往往和自己與同類人在社交、精神或者道德上存在一定程度的來往密不可分，而弱者則恰恰與他將自己與其他人隔絕開來有關係。

　　一些宗教組織一直試圖將修道院中的僧侶分離開，切斷他們與外部世界的所有連繫，甚至切斷僧侶們彼此之間的連繫，透過這些使道德巨人得到進化。但是他們的做法最終被證明是錯誤的，正如所有試圖干涉造物主

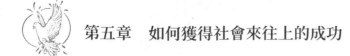

促使人類團結的偉大計畫一樣，是注定要失敗的。

　　有一種強大的心靈感應力量，在人與人的頭腦之間、靈魂之間起作用，我們還不懂得如何去衡量這種力，但是激發這種心靈感應力需要很強大的力量，構建或者卸下這種力量也需要很強大的力量。實際上有很多途徑可以將營養物質傳輸到人的頭腦之中，而且關閉這些途徑中的任何一條都一定會阻礙這些能力的發展，甚至是切斷能源。人類的五種基本感官方式只是將印象和資訊傳遞到人的精神靈魂的眾多傳輸方式中的一種。還有其他一些可以照亮人的心境卻看不見摸不著的、未知的精神感官。我們越來越嚴重地依賴於靈魂從各處吸收得來的養分，但是這種養分是那些粗糙的感覺無法衡量或是測量的。我們透過耳濡目染吸收進了力量，但這種力量不會透過視覺或聽覺神經進入我們的心靈。來源於大師級的繪畫作品中的最偉大的東西並不在於其色彩和油畫上的光影或輪廓，而是藏在所有的這些東西的後面，一股繼承了畫家個性的巨大力量，由所有他們繼承的和經歷的東西構成。我們從來都無法測量那些透過想像可以影響內在潛意識的暗示性力量。

　　有些人可以在我們的身上發現最美好的事物，而從來不會發現醜惡的事物，與這樣的人結交的良機對我們來說其價值要遠遠大於那些能賺到錢的機會。這樣的良機會將我們提升高貴素養的力量增加一百倍。

　　要當心這樣一些人，他們總是輕視別人，總要找出他們的性格之中存在的瑕疵和缺陷，或者狡猾地曲意奉承說他們現在絕對不是他們應該成為的那個樣子。這樣的人是很危險的，不應該受到我們的信任。輕視他人的頭腦是狹隘的、隨處可見的、不健康的。那樣的頭腦不可能看見也不可能承認其他人身上的優點。這完全是一種忌妒的思想：對這樣的大腦來說，聽到其他人談吐優雅的演講、受到表揚，或者被讚賞某種品德善行或是優

點，確實是個痛苦的經歷。如果他否定不了別人所說的優點存在，他就會試著用「如果」或者「但是」這樣詞語去將這些優點最小化，或者使用其他一些方式去對那些受到表揚的人的品性拋出質疑。

心胸寬廣、健康、正常的頭腦會看到其他人身上的優點要比缺點多得多，但是心胸狹隘、輕視別人的頭腦卻只是盯著缺點只會盯著那些令人討厭的不誠實的人。潔淨、美麗、真誠以及吸引力的事物太過於廣博了，無法進入他的視野。它以拆毀或者破壞為樂，但是卻沒辦法建立什麼。

不管在什麼時候，只要你聽見某個人在試圖輕視別人，就要將這個人從你的朋友名單中清除掉，除非你能幫助他補救這些錯誤。不要自以為那些將其他人的過失告訴你以及批評責難其他人的人，在某個時機到來的時候不會以相同的方式對待你。這樣的人無法擁有真正的友情，因為真正的朋友關係能夠給人以幫助，而不是阻礙；真正的友情永遠都不會暴露朋友性格中的弱點，或是鼓勵其他人去說朋友的壞話。

文明教化最上乘的一項的成果就是有著這樣的能力，能夠看見上帝按照他自己的形象創造出人類的模樣，而不是留下了錯誤和缺陷的傷疤的模樣。只有慷慨大方、充滿慈愛的靈魂才能達到這種文明教化的程度。只有寬宏大量、仁慈、心胸寬廣、勇敢的人才會無視其他人的缺陷，並且總是準備著進一步詳述他們的優秀素養。

我們一直都在不知不覺地透過我們對其他人的看法影響著他們。從你的朋友和那些與你有往來的人身上看見的素養，你往往都會將其發揚光大。如果你只看到了人渺小、刻薄、卑劣的一面，你是無法幫助他們脫離那些缺點的，因為你只會使其得到加強和鞏固；但是如果你能看見他們身上的優秀、高貴、積極向上的素養，當他們喚醒了卑微的、毫無價值的自己的時候，你就會幫助他們發揚這些素養。

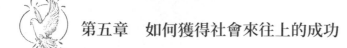

在世間各處，在整個世界，這種潛意識的影響力一直在交替地進行著，根據其本質要麼助人一臂之力要麼阻礙人的發展。

許多人總是病態地認為自己在某些方面很怪異。其中一些人認為，自己可能從父母那裡繼承了某些特質，總想著把它們從自己身上找出來。而這正是使這些怪癖得以顯現的方式，因為我們將那些留在頭腦中的東西吸收到自己的身上。這些人一直在擔心，總想著那些怪癖對自己造成的惡劣影響，由此不斷地增加自己的惡行。他們對於真實的或者想像出來的癖好開始變得敏感。他們從來不喜歡去談論或者聽說關於這些癖好的任何事情，然而認為自己已經有了這種癖好的想法帶走了他們的自信並且毀壞了他們的成就。

這些癖好的大部分通常都是想像出來的或者是被想像力誇大了的。但是時間一長，對於那些遭受折磨的人來說，就變成真的了。

治療的方法就是做正好相反的事總想著完美的素養而忽略任何可能的缺點。如果你認為你自己很古怪，那就要養成保持正常思維活動的習慣。對你自己說：「我並不是古怪的人。使我心煩的那些怪癖並不是真的。我是按照造物主的構想成長起來的，而且完美的造物主不可能創造出缺陷，因此我認為自己所擁有的那些瑕疵並不是真的，就像我這個人是真實存在的這個事實一樣。在我的身上不可能有什麼反常的事情出現，除非是我在思想中產生了它們，因為造物主從來都沒有將這些反常的事情交給我。他也從未給過我什麼不和諧的東西，因為他就是和諧、大同。」

如果長久以來你一直在頭腦中保持這種想法，你就會忘記那些對你來說似乎是異常的東西，它很快就會消失，只要你堅信自己和其他人並沒有什麼不和你就會重新找回信心。

有時羞怯會成為一種疾病，但是這只是一種想像出來的疾病，可以透

過將這種想法驅逐出人的頭腦並且保持住相反的思想就可以輕易地克服掉，換句話說，就是堅定地認為並沒有任何人在看自己，人們都在忙於自己的目標和志向，根本就無暇顧及他。

我認識一個女孩，她已經病入膏肓並且非常絕望，她總是想著自己平庸的相貌和笨拙的行為舉止，她已經處於精神崩潰的邊緣。她極度地敏感、異常地驕傲，而且當她沒有被邀請和她那些更有吸引力的朋友一起去參加聚會或是其他的娛樂活動的時候，她會為那空想出來的一丁點事情焦慮很多天。

一位真正的朋友對她伸出了援助之手，告訴她養成更具吸引力的素養完全是可能的，這些素養會比單單外表上的美麗和優雅更受歡迎，而她曾對自己在容顏和舉止優雅上的不足如此痛惜。

在她那位善良的朋友的幫助下，她完全改變了對自己的估計；她就像換了一張臉孔一樣，不再更多地強調外表上的優雅和美麗，不再認為自己是醜陋和令人反感的，相反她堅定地認為，自己就是上帝的思想的表達，在自己的身上有些神聖的東西存在，而且她下定決心要將其展現出來。

她否認了每一條認為自己可能還會不受歡迎的暗示，或者認為自己可能真的很醜陋的暗示。並且她在腦海中始終想像著自己的名氣和吸引力，想像著自己會成為一個備受矚目甚至是令其他人神魂顛倒的人。她不會允許自己還有這樣的想法：自己對別人來說毫無吸引力。

她開始用各種可能的方式來提升自己的學識水準。她去閱讀那些最知名作家的書籍，她去參加各種不同的學習課程，並且下定決心要利用每一個機會使自己盡可能地充滿吸引力。

到目前為止她一直都不再那麼關心自己的穿著打扮和行為舉止了。她深信自己的穿戴如何或者穿的是什麼已經無關緊要，因為自己可能仍然會

不受歡迎。她開始盡可能地做到穿著得體、品味高雅。

　　結果她不再像以前一樣，她開始逐漸地在她所到之處吸引一小部分人的注意力。她成為了一名出色的健談者，並且使自己的各方各面都是那麼的引人關心，因而她就和那些她經常羨慕的更有吸引力的女孩一樣經常得到邀請。在很短時間之內，她不僅克服了自身的不利條件，並且成為了她所在的圈子裡最有影響力的女孩。

　　她所肩負的任務並不輕鬆，但是她帶著極其堅定的決心和勇氣克服了這些曾經一直壓制著她的東西。在她毅然地努力去克服被視為是自己的致命缺陷的過程中，作為賞賜，她被賦予了培養那些優點的能力，這種優點遠遠補償了她不曾得到的美麗相貌。

　　透過在腦海中一直保持我們想要得到，或是想要成為的樣子的影像，透過為了得到它而做出的艱苦努力，我們產生了怎樣奇妙的變化啊！這種變化會有一種奇妙的力量，能吸引來我們想要的東西，並且把我們的所見變成真正的現實。

　　一個人的受歡迎度以及在社交場合裡的成功與他說話的聲音有著很大的關係。這世上沒有哪樣東西能像溫柔甜美的、被調製過的、有教養的聲音那樣，能夠清晰地標示出一個人的教化、修養和高尚的程度。

　　「把我和許多不同的人關在一間漆黑的房間裡，」湯瑪斯·溫特沃斯·希金斯（Thomas Wentworth Higginson）說道，「接下來根據他們的聲音我就能夠挑出那些和善文雅的人」。

　　據說在埃及的早期歷史中只有書寫出來的辯護才允許出現在法庭上，以免審判席上的法官會被人類聲音的雄辯影響和支配。在宣布審判裁決的時候，首席法官，帶著真理女神的畫像，僅僅是沉默地觸摸著受審判的人。

想想人類聲音那不可思議的力量，我們的孩子在家中以及在學校的時候他們的聲音沒有經過良好的教養，難道這不是種羞恥，甚至可以說是犯罪嗎？一個聰明的、充滿希望的孩子受到了良好的教育，卻形成了生硬的、粗糙刺耳的、鼻音很重的、令人討厭的聲音，這種聲音會阻礙他一生的發展，看到這樣的事情發生難道不讓人為這個孩子感到可憐嗎？想想這對於一個女孩來說是多麼大的障礙啊！

但是在美國，人們會發現那些從高中、大學畢業的男孩女孩們，本應該在學校裡學習如何創造最美好的生活，卻學習了已經無人使用的語言、數學、自然科學、藝術以及文學，然而他們說話的聲音卻刺耳難聽、鼻音很重，令人厭惡。

許多傑出的年輕女性，她們從大學畢業獲得了學位，然而她們的聲音卻極其難聽刺耳，結果敏感之人幾乎無法與她們進行交談。

還有什麼事物能夠像經過適當的調節和訓練的人類的聲音那樣如此吸引人、如此有魅力？聽到發音清晰、乾淨俐落、如同流淌出來的音符的聲音真的是一種享受，這種聲音就像是神賜的樂器發出的天籟之音。

我認識一位女士，她的聲音非常有魅力，無論走到哪，無論她什麼時候說話，每個人都會仔細傾聽，因為大家無法拒絕這樣優美的聲音。單單是她的聲音就能征服一個人。她的相貌平平，甚至可以說有些醜陋，但她的聲音非常完美。這種聲音的魅力令人無法抵擋，這展示了她的良好教養和人格魅力。

我曾經在一些交際場合聽到了一些女性音調極高的話音，那可怕的刺耳聲刺激著我的神經，使我感覺極不舒服，因此我不得不一次又一次地遠離那種聲音的影響範圍。

純淨的、低音調的、經過訓練的聲音對於大多數人來說是筆非凡的財

富，尤其是對於女性，那種聲音吸收進去的是修養和高雅，散發出的是乾淨俐落的詞彙和句子以及有著清晰發音的完美音節，這種聲音抑揚頓挫，甜美聲調令人著迷，能夠表達出人的靈魂。

第六章
機智創造的奇蹟

　　機智是一種極其細微的能力，這種能力很難培養，但是對於一個希望能盡快並且順利地融入這個世界的人來說絕對是一種必不可少的能力。在某些天才都無法駕馭的領域內，機智老練仍然可以很容易地控制人們。

　　天賦很重要，但是機智才是最重要的東西。天賦比不上機智，無論在什麼地方我們都會看見它的失敗。在生活的競賽中，常識擁有著通行權。

　　機智是一種極其細微的能力，很難去給它下定義，也很難培養這種能力，但是對於一個希望能盡快地並且順利地融入這個世界的人來說絕對是一種必不可少的能力。

　　有些人擁有了這種微妙的感覺，很大程度上是因為他們從來不冒犯別人，而且他們會說每一樣他們想說的事情。他們看上去並不約束自己，並且說著不會有任何損失的話語，這些話倘若由別人說出來的話，就一定會造成致命的冒犯。

　　另外，某些人，不管他們說什麼，看起來似乎都不可避免地激怒其他人，儘管他們是出於好意。因為不能讓自己適應周圍的環境，這樣的人過著受人誤解的生活。由於總是不能清晰地表達自己的意圖，他們在人際社交中處處碰壁。他們總是在不經意的情況下造成了對別人的傷害、揭露別人的缺點或是痛處。他們總是出現在錯誤的時間並且做了錯誤的事情。他們從來都沒有抓住繩子正確的一端，因而那混亂的一團亂麻不可能被解開，但他們越是去拉這條繩子，就越會讓這些繩子纏結在一起。

　　誰又能估計出由於缺少這種機智給這世界造成的損失愚蠢的錯誤、過失、疏忽、墮落，這些給人們造成的致命傷害，因為他們不知道如何在正確的時間做正確的事情！時不時我們就會看見一些傑出的能力被浪費掉，或者得不到有效的運用，因為人們缺少這種無法定義的、細微敏銳的素養，也就是我們所說的「機智」。

　　可能你接受過大學教育，可能你在自己的專業領域內接受過相當珍貴的培訓，可能你在某些方面有著非凡的天分，然而還是不能在這個世界自由翱翔。如果你適當地機智一點，並且擁有一種和堅守相結合的天賦，你

就會很快得到提升，甚至可以一步登天。

　　不管一個人所擁有的能力多麼強大，如果他缺少了機智來指導他的能力有效行使，在正確的時間說該說的話、做該做的事情，他就不能使自己的能力發揮得更有效率。

　　與那些擁有強大的能力但卻缺少了一分機智的人相比，成千上萬的人僅憑著一點點能力和更多的機智取得了更大的成就。

　　無論在什麼地方我們都會看到有些人將自己絆倒，失言傷害到友誼、顧客、金錢，僅僅是因為他們從來沒有去培養機智這種能力。商人會失去顧客、律師會失去有影響力的客戶、醫生會失去病人、編輯會損失預訂者、牧師會在講道壇上失去他們的能力並且對大眾的權威影響、教師會丟掉他們的工作、政客會失去他們對人民的控制，這些都是由於缺少機智造成的。

　　機智在商業貿易中是筆巨大的財富，尤其是對於商人來說。在一座大城市裡有著上百家企業，這些企業都在努力吸引顧客們的注意力，機智就達到了非常重要的作用。

　　一位傑出的商人將機智放在他成功祕訣的最頂端，其餘的三樣東西：是要有熱情、通曉商業貿易知識、著裝打扮。

　　下面的這一段話，出自一封某位商人派發給他的顧客的信件，這是一個非常典型的能夠精明地使用商業機智的例子。

　　「我們應該感謝任何一條對於在以前和我們之間的貿易往來不滿意的資訊，我們可以立刻採取措施來補救它。」

　　想想那些富有的客戶們，由於櫃員們缺少機智圓滑而最終被銀行趕了出來！

　　如果一個人希望在自己的事業或專業內獲得成功，他就必須要有能力獲得同伴的信任以及具備結交忠貞不變的朋友的能力。好朋友會利用一切

機會讚揚我們的書籍，「大聲地談論著」我們的陶瓷製品，在法庭上詳述我們最新接到的訴訟案，或者是詳述我們在治療病人時的效率，當我們被詆毀時他們會保護我們的名譽，並且會指責那些中傷者。如果沒有機智，我們根本不可能阻止朋友提供上述的幫助。

一個能力普普通通的年輕人憑藉自己令人驚奇的機智老練在美國參議院獲得了一個席位。

有很多紳士淑女被抑制住，被阻止了前進的步伐，因為他們不能夠和其他人很好地相處。他們不停地激怒惹惱其他人，依舊持續著自己的偏見。他們不能與其他人協同合作。這樣所帶來的結果就是他們只能孤軍奮戰，並且會失去團結合作的力量。

我認識一個男人，經過多年來費力艱辛的生活，他所有的努力成果差不多都因為缺少機智老練而被毀於一旦。他不能和其他人共事。他似乎擁有著每一項能使自己成為一位偉人、一位人中領袖的必要條件，但是招怨其他人卻使得他的生活步履維艱。他總是做錯事、說錯話，不經意間就傷害了其他人的感情，抵消了他工作努力的成果，因為他根本不能理解機智這個詞語蘊含的意思。他總是不停地冒犯別人。

我們都認識這樣一些人，他們對說自己想說的話、直言不諱感到非常地得意。他們認為那是誠實，那是人格力量的一種象徵，並且認為「旁敲側擊」和依靠交際手段與人打交道是種懦弱的表現。他們信奉「直截了當」「按照事物的正確名字來召喚他們」。

這些人從來沒有獲得過太多的成功。人們相信他們是誠實的，但是由於缺少機智、良好的判斷力以及優秀的理解能力，他們難以把事情做好。他們不知道如何處理人際關係不能與其他人共處，並且總是「處於水深火熱之中」。

事實是，我們都喜歡被人關心、被人奉承一些，而且喜歡和那些善於使用交際手段的人打交道。總而言之，交際手段可以濃縮為一門「人之常情的藝術」。

直言不諱是種我們所有人都不喜歡、不欣賞的素養。那些以直率坦言為榮的人，通常不會有很多朋友，也不會有很多非常大的生意或是成功的事業。通常情況下那些會傷害到其他人的事實還是不要說出來為好。

馬克·吐溫說過：「事實如此珍貴，使用之時應備加珍惜。」

「一個人可能沒有太多的學識或智慧。」愛迪生說，「但是如果這個人懂得人情世故並且為人友善，就會比不諳此道的人更能博得他人的好感，即便那些不諳世故之人擁有更多的學識或智慧。」

「一點點管理可能經常會遭到抵抗，巨大的力量可能徒勞地用在克服這種抵抗上。」另一位作家說道。這裡再一次引用一句話：「一個機智老練的人不僅僅會將他所熟知的東西發揮得淋漓盡致，甚至許多他所不知道的東西也是一樣，機智之人善於隱藏自己的學識淺薄，書呆子則只顧展示自己的博學多才，因此機智之人會贏得更多的讚譽。」

當法國大革命進行到最高潮的時候，激動的民眾如潮水般湧向巴黎的街頭，一支分遣部隊擠滿了其中的一條街道，正當指揮官命令他的士兵們向人群開槍時，一位陸軍中尉請求去呼籲民眾冷靜下來。中尉騎行在士兵佇列的前面，他摘下了自己的帽子然後說：「紳士們，請你們馬上撤離，我奉命來此擊敗暴民。」民眾們立刻四散開來，就好像有著魔力一樣，在兵不血刃的情況下，街頭又恢復了往日的寧靜。

在美國內戰期間，林肯的機智老練讓自己和其他政客多次化險為夷、轉危為安。事實上，如果沒有機智和老練，戰爭的結果很可能會判若雲泥。

「機智幾乎總是夾雜著幾分幽默，使得即便機智中帶著些許強制，也會因友好幽默氣氛而化解。當別人勸我們去做了自己後來認為完全正確的事情，想到當時做事時的得心應手，我們常常會情不自禁地會心一笑。在使用這種機智老練的時候，沒有必要使用任何欺騙的手段，只有合理地勸說，才會有效地吸引猶豫不決之人。『機智』就是一門在緊要關頭做出正確事情的『藝術』。」

有人曾經說過，「每條魚都有自己的餌料」。就如同每條魚都有自己的餌料一樣，每個人都可以在適當的地方被其他人感動，只要那些人有著足以觸動他的機智老練，不管他是多麼地古怪奇特，人人皆可與之溝通。

一所公共學校的一位老師因為一些小毛病斥責一個八歲大的愛爾蘭小男孩。在老師說「我看見你那樣做了，傑里」時，小男孩本打算拒絕承認這些錯誤的。「是的，」小男孩靈機一動地回答道，「我告訴他們沒有什麼東西是你用那俊秀的黑色眼睛看不見的」。

機智老練的人通常很容易就能交到朋友，因為他們在吸引他人的注意力以及誘使他們表達出自己最美好的一面上有自己的一套。我們總是讚賞那些對我們的事情給予關心的人，讚賞那些永遠不會嘗試著去談論自己和自己興趣的人。

在威廉‧佩恩[14]前去拜訪查爾斯二世的時候，按照貴格派教義，他沒有

14　威廉‧佩恩（William Penn, 1644-1718），英國房地產企業家、哲學家，賓夕法尼亞英屬殖民地的創始人。他推崇民主和宗教自由。在他的領導下，費城進行了規劃和建設。1682 年，約克公爵詹姆斯，未來的詹姆斯二世將屬於他的大片土地交給威廉‧佩恩。這片土地，包括現今的賓夕法尼亞州和德拉瓦州。佩恩立即航行到美洲的紐卡斯爾（德拉瓦州），殖民地居民宣誓效忠於他們的新主人佩恩，此殖民地舉行第一次大會。之後，佩恩沿河向上，創建了費城。然而，佩恩的貴格會政府並不被現在德拉瓦的荷蘭，瑞典和英國定居者看好，他們沒有效忠賓夕法尼亞的歷史，因此他們幾乎立即開始請願自己舉行大會。到西元 1704 年，他們實現了自己的目標，賓夕法尼亞州最南端的三個縣獲准脫離，成為新的半自治的下德拉瓦殖民地。紐卡斯爾是新殖民地最突出的，繁榮和有影響力的「城市」，成為首府。佩恩是英屬北美殖民地統一的早期支持者之一。他在賓夕法尼亞政府體制（Frame of Government）中規定的民主原則，成為美國憲法的一個靈感來源。身為貴格會和平主義者，佩恩深入研究戰爭與和平的問題，並制訂了歐洲合眾國計畫。威

摘下帽子。但是這位樂天派的君主，並沒有發脾氣，而是摘下了自己的帽子。「查爾斯朋友，請戴上您的帽子」這位地位尊貴的朋友說道。「不，佩恩朋友，」國王回答，「只有一個男人戴著帽子站在這裡才正常。」

在愛德華國王還是英國王子的時候，他就已經是全英國最受歡迎的人，因為他從不缺少機智老練和溫文爾雅。

有一些人似乎永遠都學不會機智老練，因為他們不會欣賞機智時的那種微妙情形。他們往往冷淡無情、麻木不仁，根本不理解那些對事物敏感、十分在意自己的人們。

一位曾經去鄉下做客的女士給女主人寫信說，她的這次拜訪過得很愉快，並寫道，她現在很好，只是手上被蚊蟲叮咬已經腫了。她還寫道，再次回到舒適的浴室真好！

有人曾經說過：「所有成功的祕密在於要對所有在我們周圍發生的事保持敏感，在於讓自己適應周圍的環境，在於同情心和樂於助人，在於知道什麼是當務之急，在於對朋友傾吐他們想要聽到的話語，他們需要聽到的話語……」只做了正確的事情還是不夠的，正確的事情需要在正確的時間和地點完成。

機智老練是由好脾氣、迅捷的才智、感覺上的敏銳性，以及立刻接受偶然的突發事件的能力組成的。這其中所包含的絕對不應該是令人不快的冒昧，而是能夠將懷疑猜忌舒緩鎮定下來的安慰劑。機智老練應該是值得讚賞的。機智老練是一種光明磊落的巧言巧語，它尊重對方的感受，沒有顯露絲毫的自私自利。機智永遠不應該包含敵對，永遠不應該觸犯他人，永遠不應該包含激怒。

廉·佩恩也是一位虔誠的基督徒和有遠見的哲學家，他曾說：「如果我們不願受治於上帝，則我們必受治於暴君。」

就像得體的舉止能夠使前方的道路變得輕鬆易行一樣，機智老練能夠從震動之中提取出嘈雜聲；能夠潤滑軸承，打開對其他人緊閉的大門；當其他人必須在接待大廳中等候的時候卻能夠坐在客廳裡；在其他人遭到拒絕時卻能夠進入私人的辦公室。即使你窮困潦倒，機智老練仍然能夠使你獲得許可進入專有的區域，在這個專有區域裡存在著大量的財富。當人的優點遭到拒絕的時候，機智老練可以守衛住你的地位和身分。

　　機智老練是一位非常優秀的當家人，即使與一些能力不是很強的人相結合，在某些天才都無法駕馭的領域內，它仍然可以很容易地控制人們。

　　對於一位女士來說，擁有了機智老練，即使是才能平庸，也仍然能夠成為社交界中的領導者並且會對那些政治家和各行各業中才華橫溢的人們產生重要影響，然而另一位在才能天賦上面要比她強非常多的女性卻仍然默默無聞，看上去沒有任何的影響力，因為她缺少了這種細膩微妙的素養。

　　我曾經拜訪過一個家庭，妻子履行著的義務在我看來幾乎是每天都在發生的奇蹟。丈夫總是會手拿文件急衝衝地過來吃早餐，總是會因其使人困惑的事業和隨後在俱樂部裡的幾個小時而抱怨連連。他是一個神經質的人，似乎任何東西在清晨都會激怒他。在早餐時間他總是會遲到，而且如果有一樣東西沒有立即準備好，像滾燙的茶水，他都會火冒三丈，要不是他的妻子不可思議的機智，這些舉動就會打破這個家庭整天的安靜祥和。僕人們提心吊膽地站在主人的身邊，因為害怕主人舌頭被燙傷，害怕他的火爆脾氣。沉著、安詳、仁慈的妻子通常都能夠化解這樣的危機。不管問題出在哪，依靠著奇蹟般的機智和溫順她都能夠擺脫困境，平息這場暴風雨。如果丈夫對咖啡不滿意，她就會立刻端走他的杯子，走進廚房，幾分鐘之後，端著一杯剛剛沏好的，美味可口的攪成乳漿狀的沸騰的熱茶回來，這會暫時使她脾氣暴躁的丈夫安靜下來。

這個男人有時會憤怒地將不合他口味的食物扔出餐廳。但是耐心的妻子會找到些藉口，像她的丈夫的事業正處在艱難時期，還有他最近幾年身體一直不太健康。

有時他是那樣地飛揚跋扈，僕人們威脅說要立刻離開，但是這位妻子用她那機智老練的風格平息了這些風波。

她似乎總是能夠處理各種突發事件，而且通常能夠平息各種風波，將溫順和親切的油料傾倒在充滿麻煩的水面上。她操持著整個家庭就像一束陽光，到處散發出光明、熱量和美麗。

許多病人因為醫生或者病人家屬缺少機智老練而失去了生命。即使不接受任何藥物治療，病人也應該從醫生的探視中有所收穫。而醫生的生活裡應該充滿快樂、活潑開朗，並且精力充沛地對待生活，這樣他才能使病人更加振作高興，給予病人以希望和鼓勵。一位脾氣不好、整天哭喪著臉、不機敏的醫生並不是一位優秀的健康修復者。只有那些幸福快樂的人才會對患上了不幸的疾病的人們有所幫助。醫生的個性魅力與其事業成功與否，與其病人康復的機會有著莫大的關係。

凡是能使人沮喪並且失去信心、帶走希望的東西都應該遠離病人。醫生的探視應該成為一種鼓勵的訊號。希望和信任應該跟隨著醫生一起到來。醫生應該播撒歡樂、鼓勵。冷漠粗魯的醫生對於任何團體來說都是災難。事實上，醫生的個人品性以及他的機智老練通常要比他的治療措施重要得多。

某些醫生過於嚴謹、不講策略，因而當他們認為患者無法康復的時候，就必須要對患者說出實情，而不是讓患者享受尚未確定帶來的益處，因為每一位醫生都知道，只要有懷疑存在，病例就幾乎總是會發生轉變。透過幫助人們順利地度過難關，令人愉快的鼓勵已經挽救了很多生命，然

而真相可能已經導致了很多病人的死亡，抑或降低了他們康復的力量使他們又回到了危險的邊緣。在所有與生命有關的事情中，在講述可怕的事情的時候，殘忍的直白將會引起數不清的苦難，也破壞了很多友情。

實際上拿破崙在談話中的粗魯野蠻和自私自利嚇壞了很多女士。

有一次，當著很多朋友的面，其中的很多宮廷貴族名媛非常羨慕雷諾特女士，拿破崙對這位當時最美麗動人、最高雅的女士說道：「你知道嗎，女士，你老得太可怕了？」雷諾特女士當時只有二十八歲，帶著自身散發的高雅回答道：「要是我真的到了受衰老折磨的年齡，聽到陛下所言，我會很難過的。」

有一次拿破崙被引薦給一位他非常想要見到的女士，他說：「為什麼，他們告訴我你非常漂亮。」

有很多這樣的人，他們不會去遷就那些無法引起他們興趣的人，也不會設法使自己與其成為同道之人，顯示了其在機智老練方面的缺失。如果一個人有著任何會冒犯觸怒他們的習慣或是怪癖的話，他們就不願與其來往並且會毫不猶豫地表現出對那個人的厭惡。如果他們被迫與自己毫無興趣的人為伍，他們要麼會用冰冷的漠不關心凍結住他，為的是切斷所有的交際往來，要麼讓他在某些方面感覺到非常不舒適。

在這世界上，最好的修養磨練是：強迫自己對所厭惡的人施之以友善，並且強迫自己成為他們所感興趣的人與強迫自己成為一個善於交際的人以及對那些我們毫不關心的人產生興趣相比，沒有什麼更好的修養磨練了。人們能夠尋找到樂趣，甚至是在那些起初對我們有些排斥的人身上，這真的很令人感到驚奇。對於一個充滿才智、有教養的人來說在每一個人身上尋找到真正的樂趣並不困難。

事實上，我們的偏見通常會非常膚淺片面，而且時常是基於糟糕的第

一印象產生的，因而我們經常會發現那些起初排斥我們，看上去並不是非常有吸引力，而且和我們不會有任何的共同點的人最終卻成為了我們最好的朋友。

我們都是有偏見的人，從以往的經歷中我們可以得知，即使是那些我們通常認為是和藹可親的人也經常會判斷不公，而這些人不喜歡我們的原因僅僅是對我們不了解。由於一些糟糕的印象或是草率的意見這些人就對我們抱有偏見，但是當這些人對我們有了更深入的了解之後，偏見就逐漸地減少，他們就能夠欣賞到我們的優點了。

某位作家曾經這樣描述和機智老練有關的素養。

這是關於人類的天生品性、恐懼、懦弱、期望和愛好的共識。

這是一種將自己置身於他人的位置之上，然後就像這件事是發生在自己身上一樣去考慮事情的能力。

這是一種拒絕使用那些可能會徒然冒犯到其他人的想法的表達方式的寬宏大度。

這是一種能夠迅速地察覺到什麼是權宜之計的能力，這是一種做出必要的讓步的意願。

這是一種真實的善良精神，即使是仇敵都會成為你天生的信譽的受恩人。

這是對於在各種情況下什麼是慣例的認知，以及對於所處情形的親切的認可。

這是一種溫順、高興以及真誠的表現。

有一些人是色盲，他們絲毫不能分辨那些細微的色彩變化。同樣，許多人是機智盲。

「無論如何都不要間接提到今天即將執行的死刑，」一位缺乏機智的

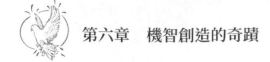

人的妻子在他們去參加一次午餐會的途中說道,「參加午餐會的人們都是H小姐的遠房親戚儘管他們都不談論堂親關係」。

　　只要這位缺乏機智的男人能記住他妻子所說的話,一切會都進行得很順利,但是在這次拜訪活動結束之前他打破了令人難以忍受的寂靜:

　　「好吧,我想H小姐現在已經被吊死了。」

　　機智老練的人們第一次和我們相遇的時候,他們會試圖找出我們會對什麼感興趣然後就開始談論那個話題。他們不會談論他們自己或者他們在做什麼,因為他們知道沒有什麼東西會像你自己的東西,或者沿著你自己的意願進行下去的談話那樣讓你產生興趣。相反,笨拙不機敏的人們總是在談論他們自己感興趣的東西而且通常這些東西會成為陌生人討厭的事物,即使對他們的朋友來說也是一樣。

　　令其他人對自己產生興趣是一種非常重要的技巧,這種技巧能夠迅速地引起共鳴,那樣在初次介紹的時候你就會使陌生人感覺到你們之間存在著共同點。據說漂亮女性的名望的檢驗標準是她看上去屬於每一個人。

　　初次與機智老練的人相見是多麼輕鬆愉快啊!不管是在多麼令人窘迫或是勉強的場合裡,他們都會立刻讓我們置身於輕鬆愉快的氣氛之中。他們會使我們感覺完全像在家裡一樣。機智老練的判斷標準是:你能夠將膽小羞怯、沒有什麼社會經驗的人們立刻輕鬆下來。不要在意你知道什麼。不要試著用你在某一專業方向上淵博的知識去迷惑其他人。就試著去找尋出什麼會使其他人感興趣吧,然後讓他們感覺到舒適安樂、無拘無束。

第七章
「我有一個朋友」

　　擁有大量忠誠可靠、真實的朋友是一件美麗的事情。朋友的信任是永恆的動力，當我們感覺到在其他人誤解、斥責我們的時候，有那麼多的朋友真正地相信我們，朋友的信任會激勵我們拚盡全力！

第七章　「我有一個朋友」

「我有一個朋友！」在這世界上還有什麼東西能比擁有知心、忠誠、樂於助人的朋友的感覺更加美好的嗎？朋友的奉獻幫助絲毫不會受到我們是否擁有大量財產的影響；朋友在我們處於逆境中時給予我們的愛甚至要多於我們處於順境時。

在美國內戰剛剛爆發的時候，當時正在討論個別的總統候選人的選舉資格，在林肯被提到時，有人這麼說：「林肯一無所有，有的只是很多朋友。」

確實是這樣，林肯確實很貧窮，而且當他被選舉為其所在州的議會議員時，他是借錢才買了一身衣服，為的是外表上能得到別人的尊重，並且他是走了一百多公里去赴任的。同樣可以稱為歷史上的偉大事件的是，在他被選舉為美國總統之後，他又是借錢才能夠將家搬到華盛頓，但是這位傳奇式的人物在友情方面是多麼富有啊！

朋友是安靜無聲的搭檔，每一個朋友都會關心留意每一件能使其他人產生興趣的東西，每一個人都在試著幫助其他人通向生活的成功之路，留下美好印象，支持朋友身上最美好的事物而不是最糟糕的，試圖幫助其他人去做他們正在努力奮鬥的事情，為發生在朋友身上的每一件樂事而歡欣鼓舞。沒有什麼能比朋友的忠誠和奉獻更加崇高、更加美麗！

即使是才能非凡的西奧多‧羅斯福（Theodore Roosevelt），要不是他朋友的強大、持久熱情的幫助，他永遠都不可能完成任何與其自身的價值相當的事情。要不是他的那些朋友的忠誠，他是否能當選總統都不好說了，尤其是那些他在哈佛大學讀書時結識的朋友。數百名同班同學和校友都在為他努力奮鬥，在他成為紐約州州長候選人和美國總統候選人時都是這樣。他在「狂野騎士」中那些極其熱心的朋友在他的總統競選過程之中在美國南部和西部數萬個投票點中支持著他。

有些朋友總是在留心我們的興趣，時時刻刻在為我們工作。任何場合下都為我們說好話，支援鼓勵我們，在我們缺席某次活動並且需要朋友的時候總是會為我們說話，保護著我們的敏感、脆弱，制止誹謗詆毀，扼殺一切可能會傷害到我們的謊言，糾正錯誤的印象，試著幫助我們走向正軌，克服由於某些錯誤或是疏忽產生的偏見，以及我們在某個愚蠢的瞬間給人留下的糟糕的第一印象。總是在做著某些能夠對我們的提升有所幫助的事情，仔細想一想，擁有這樣的朋友意味著什麼！

　　多虧了朋友的幫助，不然我們大多數人的拋頭露面將會多麼令人沮喪啊！多虧了我們的朋友將那些冷酷無情的打擊排除掉，不然我們大多數人的名譽將會遭受到多麼嚴重的損壞和詆毀，他們所擁有的治療安慰劑適用於這世界上所有的傷痛！要不是那一大群經常會介紹給我們顧客、客戶和生意的朋友，要不是那些任何事上總是能夠力挽狂瀾的朋友，我們多數人在經濟上也可能會更加貧窮。

　　啊，通常來說朋友對於我們的弱點、癖好、缺點和失敗來說，我們是受益匪淺啊！他們將寬容博愛覆蓋在我們所犯下的錯誤、缺陷上，這是多麼偉大啊！

　　一個人在朋友的缺點或是傷疤前面放下簾幕為其遮擋，為朋友遮擋來自那些自私無情的人的猛烈抨擊，將朋友的缺點默默地掩埋起來，以及高度讚揚朋友的品行，還有什麼能夠比看見這樣的事情更加美好的嗎！我們會情不自禁地讚賞這樣的人，因為我們知道他是一位真正的朋友。

　　在這世界上還有比朋友這個職責更加神聖的嗎？我們之中有幾個人又能夠真正地理解，因另一個我們一直保持著友情的人而聞名意味著什麼？我們所發送出去的報告，我們對另一個人的估計，可能已經在很大程度上影響了別人的成功或失敗。那些我們沒有任何異議准許透過的醜聞可能會

毀壞別人一生的名譽。

　　我所知道的最感人的真正的朋友，是支持那些並不是自己朋友的人那些人失去了自尊、自制，而且已經降低到了毫無理性的地步。啊！這的確是真正的友誼，當我們都不會和自己站在一起的時候，真正的朋友會和我們站在一起！我認識一個人，他就是這樣支持著一位被酒精奴役並且犯下了各種罪惡，甚至已經被家人掃地出門的朋友。即使他的父母妻兒都放棄了他，這位朋友依舊忠誠。夜晚，在他放蕩墮落的時候，他的這位朋友就會跟著他，而且很多次在他大醉得連站都站不直的時候將他從被凍死的邊緣上拯救過來。有許多次這個人離開自己的家走進貧民窟去找尋他的朋友，將他從員警的手中接管過來，為他遮風擋雨，這種偉大的愛和奉獻最終挽救了這個墮落的男人，並且將他送回到了莊重體面的生活和他的家庭。金錢是萬萬不能衡量這種奉獻的價值的！

　　許多人為了熱愛、信任自己並且慧眼識人的朋友而備嘗艱辛並且忍受艱難困苦、攻擊責難，希望能夠獲得最後的勝利，如果他只考慮自己的話，他就會不做任何努力直接放棄。

　　朋友的信任是永恆的動力。當我們感覺到在其他人誤解、斥責我們的時候，有那麼多的朋友真正地相信我們，朋友的信任真的會激勵我們拚盡全力！

　　西德尼・史密斯[15]說：「生命將會因眾多友情而增光添彩，愛與被愛都是著實存在的最偉大的幸福。」

　　對於一個人，在生意剛剛起步的階段，還有像擁有眾多朋友這樣重要的資本嗎？對於那些現在已經成功了的人，要不是那些幫助他們度過難關的朋友的努力，不知有多少人會在他們人生中的一些重大危機面前放棄努

15　西德尼・史密斯（Sydney Smith, 1771-1845），英國作家、幽默家、聖公會牧師。

力掙扎！如果剝奪了所有為我們做這些事的朋友，我們的生活將會多麼荒蕪蒼白！

如果你在事業上或者生意上剛剛起步，大量忠誠可靠的朋友將會給予你堅強的後盾，會給你帶來患者、客戶、顧客。據說「命運是由友情決定的」。

如果我們能夠仔細地分析一下成功人士和那些被所有的同伴都致以崇高敬意的人的生活，那將會非常地有趣，對我們也會有很大幫助，而且能夠找出他們成功的祕密。

我曾經嘗試著去仔細分析一個人的案例，這個人的經歷我仔細地研究了很長一段時間，而且我相信，在他的成功之中至少有百分之二十要歸功於他那非凡結交朋友的能力。從少年時代起他就非常專心地培養結交朋友的才能，並且他將人們非常可靠地連繫在一起，因而他們幾乎會去做任何事情來使他高興。

當這個人開始自己的職業生涯的時候，在中學和大學期間形成的友誼在幫助他獲得地位身分上就有了巨大的價值，這不僅僅湧現出了一些非同尋常的機遇，同時也極大地提升了他的聲望名譽。

換句話說，在那麼多的朋友的幫助下，他的天生能力已經增加了數倍。他似乎有一種奇特的能力，能夠在所從事的每一件事上獲得朋友的關心，他們熱心地、熱情地幫助他，他的朋友們總是在嘗試著去增加他的興趣。

很少有人會去讚揚自己的朋友，然而讚揚自己的朋友，這是人們應該做的。大多數的成功人士認為他們脫穎而出獲得成功是因為他們非凡的能力，因為他們戰鬥過、征服過，而且他們總是自誇所做過的事情和那些令人驚奇的故事。

　　他們將成功完全歸因於自己的敏捷、聰明睿智和敏銳，歸因於他們的毅力、進取心。他們並沒有認識到那些朋友，時時刻刻都在幫助他們，就像那些沒有薪水的旅行推銷員一樣。

　　「真正的友誼，」查爾斯·凱爾布·科爾頓[16]說，「就像是健康的身體，其價值鮮為人知，直到失去了才會懂得。」

　　朋友的興趣和支持將會在很大程度上影響你的生活。制定這樣一條生活準則：盡可能地奮力攀登，那樣才會有更多的選擇。嘗試著去和你的主管結識，不要去和那些僅僅有著大量金錢的人結識，而是要去結識那些在文化教養和自我提升方面有著巨大長處的人，要去結識那些受過更加優秀的教育和見多識廣的人，為的就是你能夠盡可能多地接受那些對你有所幫助的東西。這將會逐漸提升你自己的理想，鼓舞你去追求更加高尚的東西，使你更加努力地去成為重要人物。

　　我認識一些年輕人，他們有很多朋友，卻不是那種對他們有幫助或能使他們提升的朋友。他們是向下選擇的，而不是向上。

　　如果你習慣性地去和那些在你之下的人結識的話，他們就會逐漸地將你往下拽，降低你自己的理想，降低你自己的雄心抱負。

　　我們從未了解到自己的朋友和熟人會給我們帶來多麼深刻、多麼精雕細琢的影響。每一個與我們有過接觸的人都會給我們留下不可磨滅的印記，而且會影響我們變得越來越像他們的性格。如果我們養成了總是想著要去改善自己的朋友和熟人的習慣，那麼我們就會不知不覺地養成不斷地自我改善、自我提升的習慣。

　　偉大的事物都會將生活的標準保持在較高的水準。

　　積極向上的心態在這方面是有助益的。我們對待朋友不應該氣量狹

16　查爾斯·凱爾布·科爾頓（Charles Caleb Colton, 1780-1832），英國牧師、作家和收藏家。

小，也不應該對朋友期望過多。

「多聽取些你的朋友的意見，只要你能找得到他們。不要期望能夠實踐自己的某些理想標準，」一位作家說，「你會發現他們的標準，雖然和自己的有所不同，可能也並不是那麼糟糕。」

只透過調查他的朋友就去衡量一個我們從沒見過的人是否合格，這是完全有可能的。只透過一個人是否遵守自己說過的話，或者看他是否靠不住或是背信棄義，就差不多地說出一個人有多了不起也是完全有可能的。

注意看那些幾乎沒有朋友的人。你會發現在他的身上存在一些問題。如果他值得擁有這些朋友，那麼他就會獲得友情。

「在朋友方面要做個富有的人。」這句話並不是多愁善感的表達，而是有真正的市場價值的。對於那些「在朋友方面富有」的人來說，大門總是敞開著，機遇經常會出現在那些僅僅是金錢上富有的人所觸摸不到的地方，而且從來不會被那些居住在無底深淵裡悲傷的人聽到。

如果一個人沒有朋友，那麼他的確真的很貧窮！財富成為友誼的替代品，友誼將會是多麼富有的一筆財富啊！有很多百萬富翁願意失去他們的財富，來重新獲得在他們拚命賺錢的時候因忽視而失去的朋友！

屈指可數的幾個人站在一位富翁的至親家門外，參加他的葬禮，這位富翁不久前在紐約死去。但是幾個星期過後，在一間大型的教堂裡，人已經擠到了門口，大街被人群擠得水洩不通，這些人是最後一次來向死者表達敬意，而這個人身後連一千美元都沒有留下。

後者熱愛他的朋友，就像守財奴喜愛金銀珠寶那樣。每一個認識他的人看上去都像他的朋友。與他對自己在財富上引以為豪的程度相比，他對自己在友情這方面的富裕的自豪程度要多得多。他會把自己最後的一塊錢分給任何一個需要它的人。他不會嘗試著將自己的貢獻幫助以盡可能昂貴

的價格賣出去。他把自己奉獻給了朋友們毫無保留地、真誠地、慷慨大方地、心胸寬闊地奉獻出自己。在這個人的生活中，對於努力和幫助沒有任何限制，沒有顯示出任何自私和貪婪的東西。成千上萬的人應該將他的逝去視為極大的個人損失，這還有什麼值得驚奇的嗎？

塞尼加[17]說過：「對於友情，一定不要有任何的保留，在同盟罷工之前按照你自己的意願盡可能多一些深思熟慮，但是在罷工之後就不要懷疑或是提防猜忌……考慮友情是需要時間的，但是一旦下定決心就賦予了他進入我的內心的權利……友情的意義就是擁有一個對我來說比我自己還珍貴的人，並且為了挽救這個人的生活，我情願放棄我自己的生活，我一直持有的觀點就是只有明智的人才能成為朋友，而其他的人僅僅是同伴而已。」

只有將友好的、有幫助的貢獻奉獻給他人才會發現這些真諦。這是能結出豐收果實的播種。那種極力索取卻不付出的人不可能成為真正富有的人。他和有一種農夫非常相像，他太過重視自己本該播撒的玉米種子並且把種子都保存起來，他認為如果把種子保存起來的話，他會更加富有。他沒有將種子播撒到土壤之中，因為他從種子的身上看不見豐收。與其說這是一個關於我們在這世界上已經獨自前行了多遠的問題，倒不如說是一個關於我們已經幫助了多少人獲得成功的問題。

也許曾經居住在美國這片土地上真正富有的人是亞伯拉罕·林肯，因為他將自己奉獻給了他的人民。他不會嘗試著去將自己的努力賣給出價最高的人。巨額的酬金對他來說沒有任何吸引力。林肯永世長存，因為他考慮得更多的是他的朋友而且所有的國民都是他的朋友並且考慮的比關於他

---

17 塞尼加（Lucius Annaeus Seneca, 4-65 BC），古羅馬時代著名的科爾多瓦斯多亞學派哲學家、政治家、劇作家。曾任尼祿皇帝的導師及顧問，62年因躲避政治鬥爭而引退，但仍於65年被尼祿逼迫，以切開血管的方式自殺。代表作：《對話錄》、《論憐憫》、《論恩惠》、《書信集》、《天問》等。

的袖珍圖書裡寫的要多。他將自己奉獻給祖國，就像農夫將種子播撒到土壤裡，那樣的播種將會收穫多麼豐碩的果實啊！其極限也是沒有哪個人能夠看得見的。

我們緊張艱苦的美國式生活，最讓人感到悲傷的一幅場景就是我們對於金錢的追逐扼殺了友情。

在我們這個國家裡，緊張忙碌、令人興奮的生活對於建立真正的友情並不會有什麼幫助，就像在其他異域國家裡的情況一樣。我們沒有把時間留給結交友情。廣闊的資源和不可思議的機遇往往會產生異常的野心抱負。豐厚的物質獎勵吸引著我們自私的本性，吸引著我們身上存在著的劣根性，而且我們總是在以令人筋疲力盡的速度行進，因而不可能花費一丁點時間去培養友情，除了結識那些能夠幫助我們達成目標的人。

由此所產生的結果便是，我們美國人會有很多非常容易相處的熟人，對我們有幫助的熟人，對我們有好處的熟人，但是相對來說我們幾乎沒有什麼真正的朋友。

事實上，大量的物質回報極其不正常地發展出了一些非常不受歡迎的素養，阻礙了我們多數人理想的素養的發展並將其逼向絕境，使得我們變得片面不公。

為了「分泌」出金錢，在我們的大腦中已經變異出了一種財富腺體，並且，在這個演變過程之中，我們失去了那些有價值的東西。我們已經使友情變得商業化，我們的能力、精力、時間都是這樣。可能任何事情都被變成了金錢；其結果是我們得到了金錢，但是我們多數人除此之外就一無所有了。

成千上萬的富翁在他們自己的生意圈之外都是無關輕重的小人物。他們並沒有充分發展自己更加高級的腦細胞，也沒有改善自己，使自己成為

頂級的男人。他們是一等一的賺錢工具，然而其他事情只能排在二流或三流水準上。他們以金錢來衡量每一件事他們的友情，他們的影響力，他們的畢生事業每一件事情都可以換算成美元。

在這世界上還有什麼事情會比擁有大量財富而實際生活中卻沒有任何朋友更讓人戰慄發抖？如果我們犧牲了友情，如果在通向成功的道路上我們犧牲了生活之中最神聖的東西，我們所說的成功會達到怎樣的地步呢？我們可能會有很多熟人，但是熟人並不是朋友。今時今日在我們這個國家裡有很多富人，但他們並不知道真正的友情的奢華。

有一種東西我們將它稱作友情，只要我們一帆風順並且擁有任何能夠提供金錢或者影響力的東西，它就會一直追隨著我們，但是當我們失意的時候它就會捨棄我們。華盛頓說過，「真正的友情是一種生長緩慢的植物，而且在它配得上這個稱號之前一定要經歷過並且經得住苦難的打擊」。

我認識一個人，他曾經認為自己在真正的友情方面是異乎尋常地富有，但是當他失去了金錢以及由金錢所帶來的大部分影響力的時候，那些從前在表面上對他很忠誠的人都背棄了他，對於他們的叛離這個貧窮的人非常痛苦和失落，他幾乎失去了穩定的情緒。

但是一些真正的朋友在他遭受打擊的時候對他不離不棄。在他的家庭和事業通通失去的時候，他的兩位老僕人從儲蓄銀行裡取出了所有存款並且堅持讓他拿著這些錢去東山再起。一位曾經為他工作的工程師在他遭受打擊的時候仍然忠誠於他並且借給了他所擁有的錢。透過這些真正朋友的無私奉獻，這個人很快地恢復了地位並且在相對較短的時間之後他又成了富翁。

永遠不要相信那些利用友情的人，永遠不要相信那些將友情當作寶貴財富來使用的人，永遠不要相信那些在友情裡還能看得見資本的人，因為他們會為了自己的利益而去利用你。從來沒有什麼時候會像現在這樣有那

麼多為了個人利益而去利用自己的朋友的事情。

珍視朋友的人應該非常關切自己與朋友間的生意往來，並且向朋友借錢的時候應該尤為注意。有些人幾乎可以為我們做任何事情，而且在不失去他們的信任或者友情的情況下，我們幾乎可以向他們尋求任何幫助，除了借給我們錢，這是人類本性之中最非同尋常的一個特徵。

在我們中間有那麼多人會為自己向朋友借錢那一天而後悔萬分，因為即使沒有任何阻礙地借到了那筆錢，從此之後也不會再有和以前一樣的感覺了。有些人絕不可能在借給其他人一些錢之後而不輕視他們。其實不應該這樣的，但事實就是這樣。有的人幾乎可以原諒任何事情，除了對於金錢或是物質援助的請求。這多少會和一般的友情不相協調。你可能會說，真正的友情是不會這樣簡單就喪失了的，但不幸的是我們大多數人所擁有的全部都是令人感到悲傷的經歷。我們可能會獲得金錢或是幫助，但隨之帶來的結果是我們和朋友之間的關係有些疏遠，甚至有些扭曲。

現在出現了一種新型的友情，這種友情越發地流行起來，即所謂的商業友情，這種友情意味著從金錢上獲益。其動機是自私的，因而這是一種非常危險的友情。說它危險是因為這種友情會非常逼真地模仿真正的友情，因而想要區分真正的朋友和虛假的朋友是件非常困難的事情。

我認識一個男人，他完全缺乏結交真正朋友的能力，可是為了商業目的他是那麼專心地培養自己與別人的友情，把友情培養到可以用來幫助他達成自己的目標，因而他看上去對每一個人都非常地友善，並且第一次與他相見的陌生人經常會認為他又結識了一個朋友，但如果他認為那是有利可圖的話，一有機會他就真的會毫不猶豫地犧牲這位陌生的朋友。

對這個透過自私的眼睛看待一切事物的男人來說，成為哪個人的朋友都是不可能的。

在紐約和一些大城市裡有許多這樣的人，他們依靠友情從事著經營貿易活動。他們擁有奇特的吸引人心的力量，可以迅速地牢牢吸引住人們，但他們總是在編織著自己的蜘蛛網，並且在受害者知曉這件事之前，他們就會發現自己已經無望地陷入其中。

一個人所做的最卑鄙的一件事就是把其他人當作自己爬向垂涎已久的地位的階梯，然後在他獲得了這個地位之後，就會一腳踢倒這個階梯。因為在友情之中有利益可圖，友情能夠增加貿易往來，能夠帶來好處，提升人的影響力和信譽，能夠帶來更多的客戶、患者、顧客，因為這些原因而去養成結交朋友的習慣是危險的，因為這種習慣往往會扼殺結交真正朋友的能力。

擁有一些為了我們自己的好處而愛護我們的朋友是件多麼快樂、多麼美妙的事情啊，這樣的朋友不圖私利，當我們需要幫助的時候，總是準備著去犧牲自己的安逸、時間或是金錢。

馬庫斯‧圖利烏斯‧西塞羅[18]曾經說過人類從來沒收到過比來自神聖的上帝的教誨更美好的事物，而且從沒收到過比友情更加討人喜歡的東西。但是友情一定要經過培養。友情是不能購買的，友情是無價的。如果你埋心於追逐金錢名利，你拋棄了自己的朋友長達四分之一個世紀甚至更長時間，你就永遠都不可能期望再次回到你拋棄朋友的地方將他們找回。你曾經獲得過或者保存過任何值得做卻沒有經過與其價值相當的努力的事情嗎？只有那些願意付出任何代價來結交朋友並且保持友情的人才會擁有值得結交的朋友。這樣的人獲得的財富可能不會像把所有時間都用在賺錢上的人那樣多。但是難道你情願得到那麼一點點金錢都不願意擁有更多善良

18　馬庫斯‧圖利烏斯‧西塞羅（Marcus Tullius Cicero, 106-43 BC），古羅馬哲學家、政治家、政治理論家、律師和演說家。

的、忠誠可靠的、相信你並且在嚴厲的打擊之下仍然會和你在一起的朋友嗎？還有什麼能夠像那麼多善良忠誠的朋友那樣能使你的生活變得如此地豐富多彩！

很多人似乎都認為友情是單方面的事情。他們享受著擁有朋友的快樂，享受著讓朋友來看望自己，但是他們很少思考伸出自己的雙手去付出回報，或者不辭辛勞地去維護他們的友情，事實上，相互往來才是友情的精華。

你本人擁有多少才學或者擁有什麼成就，這些都不重要，除非你不斷地接近、走進其他人的生活，除非你培養了自己的同情心並且真正地關心他人，一起受苦，一起享樂，幫助他們，否則你就會過著沉悶、孤獨的、與世隔絕的生活而且毫不引人注目。

我認識一個年輕人，他總是抱怨自己沒有朋友，並且總說在自己孤獨寂寞的時候有時打算自殺！但是認識他的人沒有一個會對他的孤獨感到驚奇，因為他擁有著人人憎惡的素養。在與金錢有關的問題上，他總是摩拳擦掌、吝嗇、刻薄小氣，並且總是批評、指責其他人，而且非常悲觀、缺乏寬容和寬宏大量，充滿了偏見，非常自私和貪婪，在別人有慷慨大方的舉動的時候總是質疑他們的動機，然而他總想知道自己為什麼沒有朋友。

如果你想要結交朋友，就一定要養成讚賞別人的素養。穩固的友情是建立在喜歡社交、慷慨大方、熱心的性格之上的。沒有什麼能夠像寬宏大量和真正的寬容、善良以及熱心幫助的精神那樣吸引其他人。你對其他人的關心一定要是真誠的，否則你就不能夠將他們的注意力吸引到自己的身上來。

凡是偉大的友情都不會建立在虛偽和欺騙的基礎之上。相對立的性格是不可能吸引彼此的。畢竟，友情所依靠的大部分還是欽佩和讚美。在任何一個人喜歡你之前，你的身上一定要有些有價值的東西，一定要有些討人喜歡的東西。

很多人沒有能力去培養偉大的友情，因為他們本身沒有那種能夠吸引其他人的高貴素養和個性。如果你的思想中塞滿了卑鄙惡劣的素養，你就不要期待別人會關心你了。

如果你是一個毫無同情憐憫之心、氣量狹小的人，如果你是一個缺乏寬宏慷慨、熱誠友善的人，如果你心胸狹窄、固執己見、冷淡無情、小氣刻薄，你就不要期待那些慷慨大方、博愛、高貴的人物會圍繞在自己的周圍。如果你希望和那些有著偉大的靈魂、高尚的性格的人交朋友，你就一定要養成博愛、寬宏大方的性格，還要有寬容之心。為什麼那麼多人幾乎沒有朋友就是因為他們從不付出，只有索取。開心的性格，散播歡樂和幸福的渴望，幫助每一個有過接觸的人，所有的這些對於友情都有著極佳的幫助作用。只要你開始培養引人注目並且討人喜歡的素養，你就會驚奇地發現朋友會緊緊圍繞在自己的周圍。

公平正義和誠實守信對於建立最高尚的友情絕對是至關重要的，並且我們會更加尊重這位朋友，因為他公正、真誠，即使這份友情傷害我們最深並且使我們蒙受屈辱。我們會情不自禁地重視公平和誠實，因為我們是沿著這條軌跡成長起來的，那是我們的本性的一部分。畏縮、不敢說出事實真相的友情，在公平正義需要說出實情的時候卻不忍心傷害別人，這樣的友情並不會博得像完全公正、真實的友情那樣受到人們的高度讚揚。

在人類的本性中有些先天固有的東西，它會使我們去蔑視那些偽君子。我們可以忽略朋友身上存在的缺點，這些缺點使得成為一個完全誠實的人對於他來說是很困難的，但是如果我們發覺他曾經嘗試過欺騙我們，我們就永遠都不會再次對他抱有相同的信任了，而信任則是真正友情的中流砥柱。

「隨同友情一起到來的便是愛。真正的朋友關係並不是一朝一夕就能夠促成的。不會再有哪個朋友會像小時候和你一起團聚的老朋友一樣，老

朋友可以和你一起在生活的道路上肩並肩地努力奮鬥。」

「當你擁有了可以證明自己是這樣的人的朋友的時候，只要你生活在到處可以看見表明自己對於善良心存感激的跡象之中，就永遠不要停止下來。用關心去償還他們的照料幫助，並且將自己對於他們的影響成為他們幸福快樂的泉源。」

「在朋友之間沒有什麼東西會像感激這樣獲得人們如此多的珍惜，而且也沒有什麼東西會像忘恩負義這樣扼殺友情。」

「真正的友情就像稀世珍寶，當你正面去說明它的時候，就讓它成為你最關切的事情，你不會做任何破壞這份友情的事情，因為只要活在這世上，破裂的友情對於朋友雙方來說都是傷心的事。」

長久持續的友情除了依賴於一份強烈的愛，更多的則是純粹的關心、讚美以及意氣相投。在某些地方，愛是那樣強大，它可以擊敗公正和事實，而友情在這樣的地方更容易分崩離析。最強大、最穩定持久、最無私奉獻的友情往往基於道義，基於尊重、讚美和敬意。

「我情願和我的任何一位朋友一起下地獄，如果有這樣的地方的話，而且我不會希望進入我曾經閱讀過的天堂，如果我的任何一位朋友身處天堂之外的黑暗之中的話。」這是在關於《朋友的友情》的布道的過程中喬治‧邁諾特[19]牧師令人吃驚的主張。

「虛假的朋友就像是我們的影子一樣，當我們在陽光下面行走時緊跟著我們，但是當我們走進陰暗處時就會立刻離我們而去。」博維[20]說。

真正的友情會跟隨我們一起進入陽光之中，也會隨我們一起進入陰暗處，進入黑暗之中。

---

19 喬治‧邁諾特應該改為：米洛特‧J. 薩維奇（Minot Judson Savage, 1841-1918），美國獨一神論牧師、作家。
20 博維（Christian Nestell Bovee, 1820-1904），美國著名經典語錄作家。

建立友誼的能力是對人性的一次重要的考驗。我們從直覺上相信那些因堅守自己形形色色的朋友而被牢記的人。這是擁有了傑出的素養的跡象。通常你可以相信那些從來沒有背棄過朋友的人。缺乏忠誠的人是不可能擁有偉大的友情的。

畢竟，難道一個人的成功不能透過他的朋友的數量和素養得到很好的衡量嗎？因為，不管他們可能已經累積了多少財富，如果他們沒有很多朋友，在他們身上的某處必然會有一些巨大的缺失，大量優秀素養的缺失。

應該有人教會孩子們知道這世界上最神聖的東西莫過於真正的朋友，並且應該訓練他們去養成結交朋友的能力。這將會拓寬他們的性格，養成良好的性格，並且增加他們人生的樂趣，這是其他任何事物所不能及的。

與人類有關的最美麗的一件事情就是擁有大量忠誠可靠、真實的朋友。羅伯特‧路易士‧史蒂文森說過，「在擁有了朋友之後，沒有誰是毫無用處的」。

第八章
雄心壯志

　　明確的目標對於生活有著非常強大的影響，它使我們的努力和付出統一於我們的事業。不要讓你的雄心壯志冷卻下來。你要下定決心不能而且也不會虛度光陰。喚醒自己的靈魂，然後奔向那個有價值的目標。

第八章 雄心壯志

令人感到吃驚的是有那麼多的人沒有明確的目標或志向，沒有輪廓清晰的生活計畫，只是一天過一天地那麼生存下去。在生活的海洋裡，我們看見的是年輕的男男女女漫無目的地漂流著，沒有舵手，沒有停泊的港灣，扔掉大把的時間，在他們所從事的任何事情上沒有真正的目的和方法。他們僅僅就是隨波逐流。如果你問其中一個人要去做什麼，或者他的志向是什麼，他會告訴你他也不是十分明確地知道自己要去做什麼。他們就是在等待能夠抓到些什麼東西的機會。

一個人怎麼能在沒有任何規劃的情況下毫無秩序地就期望達到任何地方！明確的目標對於生活有著非常強大的影響。它能匯聚我們的所有努力，並為我們的事業指明方向，每一次打擊對於明確的目標來說都是有價值的。

我從來沒聽說過哪個隨著懶惰的本意去行事的人能夠成就什麼偉大事業。只有與那些抵抗自己的雄心壯志的事物進行抗爭的人才會出人頭地。

那些從不去嘗試或者從來不強迫自己去做那些並不是非常愉快、非常簡單，但終將會對自己有很大益處的事情的人是不會有什麼偉大成就的。

每一個人都應該成為對自己要求嚴厲的老師。人不能坐以待斃，在感受到像清晨起床的那種感覺之前，不能一直躺在床上，人也不能在有心情的時候才工作，這樣終究會一事無成。人一定要學會控制自己的心情，要學會強迫自己去工作，無論自己的感覺是怎樣。

多數胸無大志的失敗者都是由於太懶惰而不能成功。他們不願意讓自己經歷風雨，不願意付出代價，不願意去做那些必要的努力。他們想要過得快樂。他們為什麼要去努力奮鬥呢？為什麼不去享受生活，過得輕鬆自然一些？

身體上的懶惰、精神上的漠不關心、讓事情放任自流的態度、不做任何抵抗就俯首稱臣的態度，這些才是組成了失敗大軍的原因。

一個人在事業上的頹廢首要的特徵就是這個人的志向逐漸地、毫無意識地慢慢喪失縮減。在我們的生活中沒有哪一種素養會比我們的雄心壯志更加需要仔細地觀察、不斷地下決心、提升，尤其是當我們並不生活在那種有利於喚醒我們對生活的希望的環境下的時候。

不斷地觀察志向並且時刻使其保持清醒的習慣對於那些希望遠離墮落退化的人來說絕對是必不可少的。凡事都要依靠志向。雄心壯志變弱的那一瞬間，所有的生活準則都會隨之墜落。人必須使自己的志向永遠都發出整齊一致的光芒，並且明亮地燃燒著。

戲耍那可以置雄心抱負於死地的影響力是件很危險的事情。

在一個人吸食過量的嗎啡時，醫生知道睡覺是致命的，並且想盡辦法去使病人保持清醒。他有時候不得不去依賴那些看起來非常殘忍的治療手段，捏、掐甚至敲擊患者，為的就是讓睡眠遠離這個永遠都不會再次醒來的人。人的志向也是這樣，一旦沉睡過去，它就不可能再次甦醒。

我們看到有著光彩華麗裝飾的手錶，它們不管在哪似乎都時刻準備著出發，然而我們非常想知道它們為什麼這樣沉默寡言？為什麼它們不能將美好的時光保留下來？原因是，他們沒有撞針簧，沒有雄心壯志。

一支手錶裡可能有非常完美的齒輪，可能有非常昂貴的珠寶鑲嵌在它上面，但是如果它缺少了一個撞針簧的話，這塊手錶就毫無用途。所以一個可能接受過大學教育、有著非常健康的身體的年輕人，如果缺少了遠大志向，他所有的其他裝備，不管有多麼精良，他都不會有什麼偉大成就。

我認識一些年齡在三十歲以上但是還沒有選擇自己的終生職業的人才。他們說並不知道自己適合做什麼工作。

雄心壯志經常會非常早就開始提醒人們去認知。如果我們沒有留意到它的聲響，如果在吸引我們的注意力多年之後沒有得到鼓勵支持，它就會

漸漸地停止打擾我們，因為和任何其他未使用的素養或功能一樣，當不再使用的時候它就會墮落退化或者消失。人的本性使得我們只保留了那些經常使用的素養。從我們停止鍛鍊肌肉、頭腦或者才能的那一刻起，墮落頹廢就隨之而來，而且能力會隨之遠離。如果你沒留意到「向上！」的早期召喚，如果你沒有鼓勵或者滋養自己的志向，並且不斷地透過精力充沛的鍛鍊來進行強化，它很快就會凋謝死亡。

得不到支持的志向就像是被推遲延期的決議一樣。對於認知的需求變得越來越缺乏緊迫感，就像對任何願望或熱情的不斷拒絕往往會導致滅絕一樣。

在我們的周圍盡是那些遠大志向已經消亡殆盡的人們。他們有著人類的外表，但是曾經在他們心中燃燒的那團火焰已經熄滅了。他們來到這世上，但幾乎不能存活下來。他們的有用性已經蕩然無存。對於自己或者這個世界來說他們都是無關緊要的。

如果這世上有一處能讓人感到憐憫的地方的話，那它一定是在某個志向已經消亡的人身上，這個人已經拒絕了為他不斷提升身價的內心的聲音，由於缺乏燃料，這個人的雄心之火已經開始逐漸冷卻。

對一個人來說，不管他的境況多麼地糟糕，只要他的雄心壯志還活躍著，他就是充滿希望的。它超越了甦醒復活的範圍徹底死亡了的話，由生活鞭策激勵的強勁動力就會隨之消失。

對於人類來說最難做的一件事情就是保持自己的雄心壯志遠離逐漸消失的厄運，保持自己的渴望依舊敏銳新鮮，保持自己的理想依舊清晰明確、輪廓分明。

許多人欺騙自己，他們認為如果自己一直保持著遠大抱負的話，如果一直期待著去執行自己的理想、達成自己的志向，他們就真正地實現了自

己的夢想。但是追求得過多就會像養成了做白日夢的習慣那樣給人們帶來諸多傷害。

雄心壯志需要大量並且不同種類的事物來使其保持精力充沛。矯飾的志向最終不會帶來任何輝煌成就。它必須得到穩固的意志力、堅定的決心、身體的精力，以及忍耐力的支持才會有效。

事實上你所擁有的是幾乎不能控制的衝動，這是一種有著強烈的吸引力的雄心抱負，吸引著你去做一件與對自己的判斷和改善表示贊成相符合的事情，這是提供給你的一個告知，你可以做這件事，而且你應該立即去做。

有些人似乎認為，在生活中去做某一件事的雄心壯志是一種永恆的素養，將會一直屬於他們。其實不然，它就像日常的神賜之食物，降落在人間是為了滿足身處在沙漠之中的猶太人的日常所需。他們需要立刻全部都吃下去。當他們的信念變得薄弱的時候，就會試圖將其儲存起來，但是他們發現它永遠不能保存到第二天。

完成一件事的時候就是當靈魂附著在我們身上，當這件事情給我們留下了清晰、明確的印象的時候。決心在逐漸退化，並且每次被推遲過後都會變得更加模糊。當願望、志向和熱情和積極性一起變得充滿活力和穩固的時候，下定決心就簡單多了。但是在我們推遲了幾次之後，我們會發現自己越來越不想去做必要的努力或是犧牲，因為即使是同樣程度的強調，它已經不像起初那樣吸引我們了。

不要讓你的雄心壯志冷卻下來。你要下定決心不能而且也不會虛度光陰。喚醒自己的靈魂，然後奔向那個有價值的目標。

嘗試著去幫助那些胸無大志的人，幫助那些不太讓人滿意的人是這世界上最令人感到失望的一個問題了，那些人的本性中沒有足夠的不滿足來

推動他們前行，沒有足夠的主動性去著手實際工作，而且沒有足夠的持續性來使其進行下去。

你不能去將就這樣一類年輕人，這些人表面上甘願沿著簡單乏味的方式一直漂流下去，但並不滿足於自己的成就，他只利用了自己潛能和真實實力的很小一部分，而他的能量都以各種不同的方式被浪費掉了，面對這樣的事實，他自己仍然沒有任何變動。你不能去將就這樣的年輕人，他們失去了志向、生活、活力和精力，他們願意沿著阻力最小的那個方向漂流下去，他們盡可能地不發揮自己的作用。沒有什麼可以指望的。即使是這樣的人在起初時所擁有的根基也會漸漸地崩解、碎裂成毫無用處的東西。

只有那些對自己的所作所為不滿足，並且決心每天都要做得更好，努力奮鬥以表達自己的理想，使自己身上的可能性成為現實的年輕人才會取得成功。

困擾很多人的問題是他們的理想太低微、太平庸、太枯燥。他們沒有將自己的希望一直保持閃亮耀眼，或者足夠的熱切渴望。他們僅僅依靠自己的動物感覺生存。如果我們想要成功上進，我們就必須要有抱負，在我們朝下看的時候是沒辦法向上攀登的。雄心壯志必須總是先於成就。文明世界攀登得越高，人類的雄心壯志就越高；人類的雄心壯志越高，人們的生活就越美好。

如果每個人都達到了這個目標，實現了自己的雄心壯志，那麼人類會發生怎樣的事情呢？與感到自己想要去工作相比哪個人還會期望得到更多呢？誰還會去做那些辛苦乏味的工作？

設想一下每個人都是富有人家的子女，他們的唯一目標就是玩得高興、享受所有令人愉快的東西並且盡可能地避開所有的工作和令人討厭的經歷。將如此人性化的世界退化到尚未開化的時代需要多長時間呢？

為了能夠向上晉升從而融入更加舒適的環境之中，確保接受更優秀的教育，擁有更溫馨的家庭，提升自身的修養，利用富甲一方、威名遠揚的影響來獲取權力，今時今日人們為此所做的努力奮鬥逐漸形成了我們人類最高等級的性格和毅力。這種積極向上的生活趨勢賦予了其他人對我們的信心。

　　雄心壯志就是一種摩西[21]帶領著人類穿過荒野進入天堂、致富一千年的宏大志向，當今的芸芸眾生仍遠遠地追隨在摩西身後，雖然距離遙遠，看不清天堂是什麼樣子，但是他們在追求進取中，靈魂得到了昇華，甚至半開化的民族，在精神上也收穫良多。

　　一個民族擁有什麼樣的理想，就會有什麼樣的文明程度，這個道理從古至今顛撲不破。個人或者民族的理想可以衡量出其當前的文明狀態以及未來的希望與可能。

　　在當今文明社會之中最有希望的一種訊號就是觀念上的進化。在生活的各方各面，我們的志向的觀念現在變得更加高尚、更加純粹、更加健全。我們在進步與提升時的行進速度是那樣快，因而為了取得成就，在努力的各方各面都需要比以前更偉大的志向、更崇高的理想、更高等級的才智，以及更加強勁的努力。

　　理想正逐漸使全體民眾變得活躍起來，並且最終會使每個人進入自己的角色，進入幸福的狀態之中，這種幸福毫無疑問是他們與生俱來的權利。

21　摩西（Moises），舊約聖經的出埃及記等書中所記載的西元前 13 世紀時猶太人的民族領袖。史學界認為他是猶太教的創始者。他在猶太教、基督教裡都被認為是極為重要的先知。按照以色列人的傳承，摩西五經便是由其所著。按照出埃及記的記載，摩西受耶和華之命，率領被奴役的希伯來人逃離古埃及前往一塊富饒的應許之地。經歷 40 多年的艱難跋涉，他在就要到達目的地的時候就去世了。在摩西的帶領下，希伯來人擺脫了被奴役的悲慘生活，學會遵守猶太十誡，並成為歷史上首支尊奉單一神宗教的民族。摩西是紀元前 13 世紀的猶太人先知，舊約聖經前五本書的執筆者。帶領在埃及過著奴隸生活的以色列人，到達神所預備的流著奶和蜜之地 —— 迦南（巴勒斯坦的古地名，在今天約旦河與死海的西岸一帶），神借著摩西寫下《十誡》給他的子民遵守，並建造會幕，教導他的子民敬拜他。

第八章　雄心壯志

　　只有那些停止成長的人才會滿足於自己的成就。正在成長的人會感覺到缺少圓滿、缺少完整。在他身上的每件事情似乎都尚未完成，因為他正在成長。正在逐漸擴張的人總是不滿足於自己當前的成就，總是伸出自己的雙手去追求更重要、更豐富、更完整的東西。

　　與形成在每件事情上都前進的習慣、永恆的志向以及努力去做得比前一天更好，去將我們嘗試著的東西做得比以前還要好相比，沒有什麼其他的東西會對一個人在生活中的進步達到同樣大的幫助。

　　經常與那些在我們之上的人結識對於我們的成長確實是一種令人驚嘆的幫助，那些人受過更優秀的教育、更有修養、更加優雅，他們在我們所不熟知的方面有著豐富的閱歷。眾所周知，當一個人的傾斜方向是向下的時候，當他試圖去找尋那些在他之下的夥伴以及粗俗的、令人道德敗壞的樂趣的時候，他墮落退化的速度會有多快。然而當這種過程被調轉過來的時候，向上的傾向，向上的過程，其結果自然是顯而易見的。

　　擁有崇高的理想已經成為任何人生活中一種重要的向上提升的力量。它拓寬了所有的精神技能，激發了新的力量，喚醒了下意識裡的潛能，這種潛能絕對不會對普普通通的志向或卑鄙的動機有所回應。它喚醒了遭到禁止的偉大潛能，激發了在一般情況下會保持著休眠狀態的潛意識本質之中的足智多謀。

　　沒有人能夠做出什麼特別偉大的事情，除非他們能被那些可除去任務中辛苦乏味的雄心壯志，以及能夠減輕負擔，使前方的路途充滿歡樂的熱情所激勵。如果這樣一種人前去工作等同於軍艦上的奴隸走向船槳，就像是疲憊的馬匹走向那連拖都拖不動的貨擔，那麼這樣的人是不會有什麼太多的成就；對於事業一定要有熱情、遠大的抱負並且要充滿熱愛，否則其結果要麼是做個平庸之才要麼是個失敗者。

順境很難成就人生，但是如果你能熱愛自己的事業，那麼對你獲得成功將大有裨益。熱情似乎使我們察覺不到危險和阻礙。如果你發現自己的雄心壯志即將消亡，如果你感受不到對於自己的事業的那份熟悉的熱情，如果你不再早出晚歸醉心於自己的事業，那麼一定是在某個地方出了些問題。也許你還沒有為自己找到正確的位置，失望氣餒可能會扼殺你的熱情、削減你的熱心。但是無論你放鬆對自己的要求的原因是什麼，如果你發現了自己的志向在走下坡路，如果你發現進行自己的工作是種煩惱，如果你認為自己的事業之中那些簡單乏味的工作在逐漸增加，你就一定要去做些什麼事情來彌補一下。

　　如果你下定決心要做一番事業讓自己有所成就，那麼提升工作熱情、鞭策落後的志向並不是件難事。如果沒有堅持不懈的培養，你是不可能保持住自己的熱情的，對於你的志向來說也是一樣。

　　對前途感到迷茫的人隨處可見。他們的熱情之火已經熄滅，內心鍋爐中的熱情之水已經冷卻，然而他們感到非常驚訝，為什麼別人會像高速列車一樣從自己身邊飛馳而過，而自己卻像蝸牛一樣緩慢爬行著。因為他們忘了如果沒有熱情之火和熱情之水作為動力，人生事業這列火車是不會高速運行的。

　　這些人從來不翻新自己的列車，也從來不讓引擎中的水保持在沸點，可是如果他們沒有到達目的地時卻在抱怨。他們不能理解為什麼自己要比旁邊的高速列車慢那麼多，為什麼高速列車在壓載得非常完美的鐵路上用最新型號的引擎和車廂飛速地超越了他們。如果他們衝出了自己可憐的軌道，他們就會將其歸因於運氣不好。

　　大多數迷茫徬徨、一事無成的人，之所以成為遊手好閒、好逸惡勞、平平庸庸之輩，都是由於缺乏雄心壯志。

　　那些渴望教育、渴望得到提升的年輕人，不管他們出身多麼貧苦，大都會找到一條前行的道路。但是對於那些胸無大志的人來說幾乎是沒有一點希望，沒有什麼方式能夠激勵鞭策那些不思進取的人。

　　想要阻止年輕人成就一番事業或者出人頭地絕非易事。不管他們身處何種環境，不管他們有著多麼嚴重的生理缺陷，他們都會找到自己的出路，他們終究會奮力前行。你阻止不了林肯、威爾遜，或是格里利[22]那樣的人，如果他們家境貧寒買不起書本，他們會去借來這些書本然後拾起教育。對於那些對美好事物有著特別喜好的年輕人，不管他是多麼愚蠢或笨拙，我們永遠都不必感到失望。

　　你可能會認為自己的生活非常平淡，自己成就大事的機遇特別地少，但是這與你的出身是多麼地卑下或者你現在所從事的事業是沒有任何關係的，如果你嚮往美好的事物，如果你在人生中銳意進取，如果你憧憬更高的人生目標並甘願為之付出艱苦卓絕的努力，那麼你就一定會獲得成功。你就會從普通人中脫穎而出，就像幼芽會努力掙扎穿過草地生長出來，透過堅持不懈地延伸終於抵達土壤的表面一樣。

　　我們絕不應該透過一個人目前正在從事的事業來評判這個人，因為這可能只是通往更加遠大、更加宏偉的事業的一步階梯。透過他們熱切希望從事並且下定決心去做的事業來評判他們吧。一個正直坦率的人會把任何值得尊敬的工作都當作是通向自己的目標的階梯來做。

　　每個人都有一股氣場，包括這個人的行事風格、精力、對事業的投入程度，其中每一種氣場都預示著他的未來會如何？

22　格里利（Horace Greeley, 1811-1872），美國著名報人、編輯、《紐約論壇報》的創辦者。自由共和黨的資助人之一、政治改革家。其晚年出於對尤利西斯·格蘭特共和黨政府腐敗做鬥爭的目的，1872 年被提名為新自由共和黨主席參加美國大選，儘管他獲得了民主黨的支持，但卻遭到了一邊倒的失敗。今天美國有多個地名、學校以其命名，紀念物也散布在美國各處。

狄更斯說過，「如果你只是用拖把擦甲板，那就要像有深海閻王大衛瓊斯在後面跟著你時那樣擦。」

每一個人可能會對自己缺乏更加高尚的抱負以及缺乏達成目標的精力非常不滿意。單單是對於自己的工作不滿意並不總能表明雄心壯志。它所表明的可能是懶惰、漠不關心。

但是當我們看見某一個人擔任著某個職務，就好像這個職位是為了他而設計的那樣，這個人還在試圖為了達到更加完整的結局而努力奮鬥，對於這個職位充滿了自豪，並且仍然期待著更重要、更美好的成就，我們會對他們能取得那些成就表示確信無疑。對於一個人我們不可能說出太多的事情，除非我們知道了他的志向是什麼。如果他們擁有了決心、堅韌不拔的意志力並且付諸行動，我們就一定會毫不費力地從人群中發現他們。

當年輕的富蘭克林還在為能在費城獲得立足點而努力奮鬥的時候，雖然他的吃住和印刷工作還都在同一間屋子，當地的精明商人就已經預測到了在這個年輕人的面前將會有一個偉大的前程，因為為了能提升到更高的位置上去，他工作的時候拚盡全力，並且總是充滿自信。憑著他的能力，他會圓滿地完成每一件事情，而這恰恰預示著「天將降大任於斯人」。在他只是一個印刷工的時候，他的工作就做得比別人好，並且他的方法要比其他人高明得多，即使是與他的雇主相比也是這樣，因而人們就預言有朝一日他必將會擁有一份能夠建立企業的生意，而他也是這麼做的。

許多居住在偏遠地區的人們和這些模範式的人物接觸的機會並不多，透過那些人他們可以衡量對比自己的能力。他們過著安逸、平淡無奇的生活，而且在他們生活的環境中幾乎沒有什麼能夠喚醒他們的才能的東西，這些才能在他們現在所從事的職業中並沒有起任何作用。

對於生活在偏遠的農場裡的男孩來說，他的志向經常會在他第一次走

進大城市的時候被喚醒。對於他來說大城市就是非常巨大的世界博覽會，在那裡每個人的成就被展覽著。彌漫在整個城市間的隨時代進步的精神就好像是電動衝擊波一樣，喚醒了他所有沉睡著的能量，調動出了所有的儲備。所有他看見的東西似乎都成為了使他繼續前行、推開一切阻力的召喚。

這就是城市的生活以及旅行的好處，經常地與其他人接觸給了我們一次與其他人進行對比的機會，給了我們一次用其他人的能力來衡量我們自己的能力的機會。這種能夠給人以激勵和督促的事例往往都會流行開來。與其他人接觸有助於喚醒自己的征服欲，以及說服別人的熱情。

然後，在城市裡或者在旅行的途中，我們經常會回想起其他人都做過什麼。我們看見了那絕頂的工程技藝、巨大的工廠和辦公室、浩大的商業往來、所有人類成就的巨幅廣告。所有這些東西都會帶著疑問的觀點充斥一個有理想、有抱負的年輕人的內心，並且他總是想知道為什麼自己沒有取得什麼成就。當他想要開始付諸實踐的時候，當他期待著去成就一番事業並且相信自己能夠取得成功的時候，他的力量就得到了加強。

人們經常會失敗是因為他們對自己的雄心抱負缺乏耐心。他們迫不及待地去為自己終生的事業做準備，卻認為自己必須平步青雲，快速獲得其他人需要花費多年時間才能達到地位。他們過於渴望結果，焦急不堪，並且完全沒有時間去做任何事情。每件事情都是急急忙忙的而且是被強迫去做的。這樣的人沒有得到均衡的發展，而是片面的發展，他們缺乏判斷力和良好的理解能力。

> 偉人所到達並且保持的高度，
> 並不是透過才智突然的爆發而獲得的，
> 而是當他們的同伴安然入睡的時候，
> 他們卻在夜晚進行著辛苦的工作。

可悲的是，我們時不時地就會看見一些有著恣意野心的人，他們被過度狂妄的野心驅使，他們因渴望成為富人或是掌握權力而使自己變得麻木，從而屈身去做那些非常不理性的事情。野心經常會使人對於公平正義視而不見。

有一些人不惜一切代價去使自己高升、獲得聲望，全然不顧在此過程中會犧牲到誰，然而他們自己本身就是這種自私、恣意野心的受害者，沒有什麼能比看見這樣一類人更令人感到痛心疾首了。

當如果我們被狂妄野心所驅使，我們將很難再看見正義，很難清楚地理解公正的含義。因而沉醉於狂妄野心的人們會不惜去犯下罪行。拿破崙和亞歷山大大帝就是極好的例子，正是他們的恣意野心才造成了戰爭所帶來的斷壁殘垣和滿目瘡痍。

單說想要超過別人的抱負有時都可能會成為一股可怕的力量，而且可能會導致各種不同的性格的損失。

每個人都應該有志去從事一些與眾不同的事情、具有個人特色的事情、使自己從平凡的人群中脫穎而出的事情，讓自己在胸無大志、無精打采的人群中鶴立雞群的事情。渴望在這世界上盡可能地高升是完全正常的，並且我們可以以心靈之中的博愛和善良接濟世人。

應該被喚醒的那個人就是你自己，而且每個人都有權利從自己當下正在從事的事業裡提取出靈感。

有時那些能使其他人受到鼓舞的人的談話或者鼓勵，某些在其他人都不相信我們的時候對我們給予信任的人的信念，某些能從我們的身上看出其他人所看不見的東西的人的信念，這些都能夠喚醒我們的志向，讓我們瞥見自己美好的未來。那時候我們可能並沒有過多地考慮這些事情，但是它可能成為我們職業生涯的轉捩點。

第八章　雄心壯志

　　大多數人透過閱讀某些催人奮進的書籍或是朝氣蓬勃的文章第一次看清楚自己。沒有這些書籍或文章的話，他們可能永遠都不清楚自己的真實力量。任何能讓我們看清楚自己並且能喚起我們的希望的東西都是無價之寶。

　　選擇那些能夠激勵你、能夠喚醒你的雄心壯志，激發你去成就大事並且在這世界上出人頭地的人你的朋友。一個這樣的朋友要比許多消極被動或是漠不關心的朋友有價值。

　　接近那些能喚醒你的雄心壯志的人，能掌握你的人，能讓你去思考和探索的人。保持向那些能不斷地給你以鼓舞和靈感的人靠近。我們多數人所遇到的問題主要是，直到晚年，我們的雄心壯志才被喚醒，才發現自己的潛能。可常常是由於太遲而無法再創造太大的成就。年輕的時候如果我們就被喚醒了希望，那樣我們就可能最大限度地成就自己的人生。

　　大多數人在臨近死亡的時候，其大部分的希望仍然是尚未開發的。他們渾身上下的能力一點都沒有得到提升，同時他們可能的自我的狀態仍舊是未經過任何開墾，巨大的財富寶藏仍舊是尚未觸及的。

　　我們並不能使用那些不是由我們首次發掘或發現的東西。

　　在這個國家有數以萬計的臨時工。身為普通工人，他們將自己的一生投入那些簡單枯燥的工作之中，如果他們被喚醒了的話，他們就會自己做雇主，他們就會成為其所在的群體裡有名望的人，但是他們一直由於對自己的能力全然無知而被抑制著。他們從來沒有發掘過自己，因此他們一定是「做苦工的人」。無論在什麼地方我們都能看見這樣的人的身影優秀的人，他們在潛能方面給我們留下了巨人的印象，但是他們完全忽視了在自己身上一直沉睡著的強大力量。

　　有數以千計的女孩做著職員或者操作人員，或者其他平凡的職業來度過自己的人生，但是如果她們能夠發掘自己的潛能，一旦了解到自己的潛

在價值，她們很可能會極大地改善自己的境況，甚至成為世界上一股巨大活躍的力量。

坐下來然後拿一份關於你自己的詳細紀錄。如果你對自己正在從事的工作不滿意並且考慮應該做得更好的話，那麼就試著去看看你的問題出在哪裡，不管這將花費多長時間；找出那些阻止你前行晉升的東西。對你自己一遍又一遍地說：「為什麼其他人能夠完成這些非同尋常的事情，而我只能做這些普通平庸的工作呢？」不斷地問自己，「如果其他人能做那些非凡的事情，為什麼我不能呢」？

在自我發掘中，你可能會發現自己有著金子般的特質，而這些特質是你從未夢想過會擁有的。你還會發現自己有著其他很多巨大的潛能，如果這些潛能能夠得到開發，它將使你的生活發生革命性的轉變。

長期從事像職員這樣的同一種職業，最致命的危險就是習慣往往會奴役我們。我們在今天更有可能去做我們昨天做過的工作，如果我們今天做這種工作，更加確定的是我們明天還會繼續做下去；日常工作乏味枯燥，總是在用著同一種技能。過了一段時期，其他沒有使用過的技能開始衰弱、較少、退化，直到我們開始認為自己現在所從事的工作是我們唯一能做的事情。

我們所使用的技能變得越來越強大，而那些沒有使用過的則變得越來越弱，而且我們可能會在承擔自己著實擁有的能力上欺騙自己。

狹隘的目標是種犯罪，因為它會將各種不同的素養降低到狹隘的水準上。狹隘的目標破壞了人的執行能力。有什麼樣的目標就會有什麼樣的才能和人生。我們必須向上攀登，否則我們就一定會墮落下去。我們不能死死抓住同一個人生階梯不放。

第八章　雄心壯志

第九章
讀書教育

　　我們的思想就是集中於那種值得重視的並且能夠產生勇氣和毅力的閱讀。優良讀物的愛好者永遠都不會孤單，不管他們身居何處，當他們離開了工作之後他們總是能夠找到愉快的職業。

「在圖書館裡打滾磨練。」這是老奧利弗‧溫德爾‧霍姆斯[23] 在描述自己的童年時所使用的妙語。聰明的學生能從自己的學生時代學會的最重要的一件事情就是在各種不同的學習研究室裡通曉各種書籍。從圖書館中分類挑選圖書的能力是極其重要的，這對人的一生都會有很大的幫助。這就好像是一個人為了知識的擴展和社會公益事業挑選自己的工具一樣。

耶魯大學的哈德利校長說道：「在現實生活中不同領域的人們，比如從事商業活動、運輸行業，或者是製造業的人們都告訴過我，他們真正希望從我們這所大學招聘到的是那些能夠有效地使用圖書的人。這門學問起初是在那些陳列有大量書籍的家庭中掌握得最好。」

圖書不再是奢侈品，而是成為一種生活必需品。沒有圖書、期刊以及報紙的家庭就像是一座沒有窗戶的房子。孩子們透過沉浸在書海中學習閱讀，透過接觸這些書籍不知不覺中就吸收了知識。現在也沒有哪個家庭承擔不起提供優良的閱讀書籍的開支。

據說亨利‧克萊[24]的母親用自己洗衣服賺的錢，為他購買了大量的圖書。

那些擁有字典、百科全書、史志、參考文獻，以及其他一些有用的書籍的孩子們都會下意識地培養自己而且幾乎無須什麼開支，他們會自願學到很多東西，不然這些時間就浪費了。如果他們在小學、國中、高中或者大學裡學習這些的話，書籍的費用將會是現在的十倍那麼多。

除此之外，家庭也因那些優良的書籍變得閃亮發光、充滿著吸引力，而且孩子們也會留在這樣快樂溫馨的家庭之中，而那些被忽視了教育的孩子們渴望著走出家門，漸漸離開，最後落入充滿陷阱和危險的生活習慣當中。

23　奧利弗‧溫德爾‧霍姆斯 (Oliver Wendell Holmes, 1809-1894)，美國醫生、詩人、演說家和作家。被譽為美國 19 世紀最佳詩人之一。代表作：《守護天使》、《早餐桌前的教授》、《歐洲百日》、《愛默生傳》等。

24　亨利‧克萊 (Henry Clay, 1777-1852)，美國律師、政治家、演說家和國會參議員。

對於孩子們來說能在書香門第中成長是多麼美好啊，而且令人感到驚訝的是如果允許他們經常使用、接觸熟悉書籍的封面和標題，孩子們竟然能從優良的書籍中汲取那麼多智慧。

　　許多人從來都沒在書籍上做過任何標記，從來沒有翻過一頁書，也從來沒有給精選的文章加上下畫線。他們的圖書就和他們買來的時候一樣乾淨整潔，而且通常他們的思想也同樣地乾淨。不要害怕在你的書籍上做標記，就在那些書上做記錄吧，它們會更有價值的。在人生的初期就學會了如何使用書籍的人將會伴隨著逐漸成長地在有效使用方面的能力而成長起來。

　　如果有必要的話，穿著破舊的衣服和修補過的鞋子，但是千萬不要在書籍方面有所限制或節約。如果你不能為自己的孩子提供一種學院式的教育，那麼就在他們所能觸摸到的地方放置一些優良的書籍吧，這些圖書可以將他們提升到所處的周圍環境之上，進入體面與尊敬之中。

　　難道一個人初期的家庭不是那個讓他們為生活做好基本的培養的地方嗎？就是在家庭之中我們養成了那些可以使我們的事業成形的習慣，這些習慣會伴隨我們的一生。就是在家庭之中，有規律並且持續不斷的智力培養會決定從今往後的人生。

　　我知道一些令人感到惋惜的事例，那些雄心勃勃的年輕人一直期望著使自己得到提升，卻為致命的家風所耽誤，在這種家庭之中每個人都將整晚的時間浪費在說說笑笑上，並沒有努力去進行自我提升，沒有去思索更高遠的理想，也沒有想去讀一些比那種劣質的、動人的故事更優良的東西的衝動。懷有遠大抱負的家庭成員會遭到嘲笑，直至他們受到了打擊然後放棄了努力。

　　如果年輕人自己本身就不想去閱讀或是學習，他們就不會讓其他任何人有這樣做的打算。孩子們在本質上都是淘氣頑皮的，並且喜歡去嘲弄別

人。他們也是自私的，而且不能理解為什麼在自己想和別人一起玩樂的時候，那些人會主動離開，然後去讀書或是學習。

　　一旦自我提升的習慣在家庭中很好地樹立起來，它就會成為一種樂趣。那些期待著學習時間的年輕人對於玩樂也是有同樣的期待的。

　　我認識新英格蘭的一戶家庭，在這個大家庭裡所有的孩子和父母，透過約定固定的時間，每天晚上都留出一部分時間用在學習或者其他的一些自我修養上。晚餐過後，他們完全投入娛樂消遣之中。他們有一個小時的時間用來盡情地玩樂嬉鬧。接著當學習的時間到來的時候，整個房間裡就會立刻寂靜無聲，就連針掉落在地上的聲音都能聽得見。每個人都在自己的座位上讀書、寫作、學習或者從事其他一些腦力勞動。任何人都不允許說話或者打擾其他人。如果家庭裡任何一個成員感覺到身體不適，或者因為別的什麼不想工作，那麼他們至少要保持安靜並且不能打擾其他人。在他們的家庭裡，目標一致、行動和諧，真可謂用來學習的理想環境。任何一種會分散人的注意力或者使人心不在焉的事物，所有會破壞思維連續性的干擾，都被嚴防死守著。在這將近一個小時沒有任何打擾的學習中所獲得的知識要比那種被多次干擾，或者由於思緒被打斷的兩三個小時的學習更多。

　　對於每一個浪費了寶貴的時間的家庭來說，要是能夠在這樣的家庭裡度過一晚，那會是多麼鼓舞人心的事啊。一種生機勃勃的、靈活的、明智的、和睦的氛圍就這樣彌漫在這樣一個不斷自我提升的家庭之中，身處其中的人會不知不覺地得到提升而且會得到鼓勵去做更美好的事情。

　　有的時候一個家庭的習慣會受到那種堅定果敢的年輕人的影響而發生徹底性地轉變，他發表自己的意見，表明立場並且宣布，對於自己，他們並不打算做一個失敗的人，為了自己的將來，他們會謹慎行事。在他們做

這件事的那一刻，就與另一類年輕人劃清了界限，那些年輕人丟棄了自己的機遇，對於值得去做的事情，他們沒有去努力奮鬥的決心和毅力。

如果你傾盡全力去完善自我，並且總是抱著真誠實意的態度，那麼這樣的名聲會吸引每一個認識你的人的注意力，而且你會得到很多晉升的推薦，而這樣的推薦是絕對不會出現在那些沒有做任何特別的努力就想要向上攀登的人的面前。

即使是在十分繁忙的生活之中也有大把的時間被浪費掉了，這些時間如果組織合理的話，是可以得到有效利用的。

許多的家庭主婦從早忙到晚，因而她們就認為自己確實沒有時間用來閱讀書籍、雜誌、報紙，如果她們能夠更加徹底地將自己的工作分類細化一下，她們就會驚奇地發現自己會有那麼多的時間用來閱讀。條理秩序是一個偉大的時間節約器，而且我們當然應該能夠這樣調整我們的生活計畫，那樣我們就能夠擁有相當多的時間來進行自我提升、拓展生活了。然而會有很多人卻認為，他們自我提升的機會僅僅依賴於閒置時間。

如果一位商人有了閒置時間之後才去處理重要業務，那麼他還會取得成就嗎？成功的商人會在每天早上走進辦公室然後全身心地投入全天的工作當中。他十分清楚如果每天糾纏於工作以外的細枝末節，比如會見任何想要見他的人、回答所有人們想要問的問題，那麼在他開始著手自己主要的業務之前，關張的時刻就會到來。

我們大多數人都會想法設法為我們所喜愛的事情找出一些時間。如果一個人渴望知識，如果一個人嚮往自我提升，如果一個人對閱讀書籍感興趣，那麼他們自己就會去創造機會。

哪裡有決心，哪裡就有財富。哪裡有雄心壯志，哪裡就有時間。

為了至關重要的必需之物而擯棄無足輕重的東西，為了那些最終能夠

證明對我們大有裨益的事物而暫時放棄今時今日的享樂，這不僅僅需要我們下定決心，而且更要意志堅定。在我們享受悠閒懶散的消遣或者將時間浪費在流言蜚語或是輕浮瑣碎的交談上的時候，總是會有一些誘惑讓我們為了眼前的歡樂去犧牲未來的幸福，或者總會有一些誘惑讓我們將閱讀書籍推遲到一個更適宜的時間。

在這世界上一些非常重要的事情已經由那些能夠將自己的工作分類細化、合理組織自己的時間的人完成了。那些在這世界上留下自己的印記的人們已經意識到了時間的寶貴，將它視作自己最為重要的泉源。

如果你想要形成一種享受歡樂的形式，培養一種新的樂趣，一種前所未有的感動，那麼就開始每天有規律地去閱讀優良的讀物、優良的期刊吧。千萬不要一開始就閱讀大量的書籍把自己搞得很疲憊。每次閱讀一點，但是每天都要閱讀一些東西，不管讀的東西是多麼少。如果你真的這麼做了的話，很快你就會養成讀書的習慣，並且它會如期地給你帶來無限的滿足和真正的快樂。

在運動中心中，人們經常會見到馬馬虎虎、無精打采的人，他們並不推行系統的訓練過程來鍛鍊全身的肌肉，而是漫無目的地從一個地方跑向另一個地方，用拉力器鍛鍊一兩分鐘，舉起啞鈴然後又把它們放下，在拉桿上擺動一兩次，這樣就慢慢地消耗掉了時間和體力。對於這樣的人來說離開運動中心會更好一些，總之是缺乏目的和持續性使他們失去了肌肉的力量，而沒有增加肌肉的力量。那些想從體育訓練中增強力量的人一定是帶著希望系統地開始訓練的。他一定是將思想和能量都投入到訓練之中，否則人們所擁有的就是鬆垮的肌肉和肌肉不發達的身體。

鍛鍊身體的健身房與鍛鍊精神的健身房只是略有幾分不同。嚴密性和系統性在這兩種鍛鍊中都是同樣地重要。那些透過閱讀鍛鍊增強自己頭腦

的人不是書籍的「品嘗師」不是那些到處品嘗書籍的人，那些人一本接著一本地拿起各種圖書，他們漠不關心地翻著書頁然後突然就翻到了最後一頁。為了能從閱讀中得到最大限度的收穫你一定要有目的性地去閱讀。坐下來倦怠地拿起一本書，除了打發時間沒有其他任何目的，這讓人感到多麼的士氣低落啊。這就好像是一位雇主打算雇用一個小男孩，然後告訴他當他在早上高興歡喜的時候開始上班，在他想要工作的時候接著工作，在他想要休息的時候休息，然後在感到疲憊的時候下班回家。

如果你能避免的話，就永遠不要為了某種目的，拖著疲憊厭倦的身心去讀自己想要看的書。如果你那樣做了的話，你就不會從這本書中受益。帶著平淡的心情，精力充沛而又積極主動地去讀你喜歡的書籍，絕不是消極被動。這種方法對於那些思想徬徨的人來說，是種非常令人滿意並且十分有效的治療方法，這種方法使那麼多的人感到苦惱，並且在今時今日會因為能夠獲得的書籍的多樣性和方便性而受到鼓勵。

刻意地去閱讀書籍，隨之而來的便是拓寬思想的感覺；這種感覺能讓我們推開愚昧無知、頑固偏見，以及所有遮擋住我們的思想，妨礙我們繼續前進的東西，與這相比還有什麼能夠給我們帶來更大的滿足呢？

我們的思想就是集中於那種值得重視的並且能夠產生勇氣和毅力的閱讀。每個人都應該深入某一本書中，讓自己全部的精神都融入書的內容之中。

被動消極的閱讀所產生的後果甚至要比不連貫的閱讀更有危害。就像坐在健身房中不會鍛鍊的人的身體一樣，消極被動的閱讀也不會增強人的頭腦。思想仍然是呆滯的，處於某種懶惰的空想之中，到處徘徊，不會集中到任何事情上。這樣的閱讀會將靈魂和精力從頭腦中除去，削弱人的智力，並且使得頭腦遲鈍，不能抓住重要的本質，不能解決困難的問題。

　　你從書中所獲取的並不一定是作者寫入書籍中去的，而是你在閱讀的時候融入書籍中去的。如果心靈不能指引著頭腦，如果對於知識的渴望，對於更寬廣、更深層次的文化的渴望不是你閱讀書籍的動機，你就不會從書中得到對於我們來說是最重要的東西。但是，如果你飢渴的靈魂像乾涸的土壤吸收著雨水那樣吸收著作者的思想，那麼你潛在的希望和潛能就會像土壤中遲發的幼芽和種子那樣湧進新的生活當中。

　　在你閱讀的時候，要像麥考利、卡里爾、林肯那樣去閱讀，像每一位從閱讀中獲益的偉人們那樣全部靈魂完全被自己所閱讀的文字吸引，全身心地投入進去，這樣你就會忘記所有書外之事。

　　約翰·洛克說：「閱讀提供給我們的僅僅是知識這種原料，是思考使得我們所閱讀的文字成為我們身體的一部分。」

　　為了能從書籍中獲得最大的收益，讀者一定要轉變成為思考者。對於事實真相的那一丁點的獲取並不能獲得能力。

　　用那些不能被有效利用的知識去填滿一個人的頭腦，就好比是用家具和古董去布置我們的房間，直到沒有任何可以走來走去的空間。

　　在食物被完全消化吸收，並且轉換成為血液、頭腦或者其他的細胞組織之前，它是不會變成身體的力量、頭腦的力量或者肌肉的力量的。知識在被大腦消化吸收之前，在它成為思想的一部分之前也不會變成能力的。

　　非常仔細地進行了閱讀之後，如果你希望成為智力上的強者，那麼就去養成這些習慣吧：經常地合上你的書籍，然後開始靜坐思考，或者時而站立時而行走地思考，但是一定要進行思考、沉思、反省。在自己的頭腦中一遍又一遍地思考那些閱讀過的東西。

　　在你將知識用自己的想法同化之前，在你將它融入自己的生活之前，那些書本中得到的知識都還不屬於你。在你第一次閱讀它的時候，它屬於

那位作者。只有當它成為統一於你的一部分時它才是你的。

　　許多人都認為如果自己一直保持閱讀的習慣，如果自己在每一個閒暇的時間手中都拿著本書看，他們就一定會成為興趣廣泛而且受過良好教育的人。這是一個錯誤。這就好像他們透過利用一切吃吃喝喝的機會讓自己成為運動員。思考甚至比閱讀更加重要。思考、沉思我們所閱讀過的東西，就好比是我們在消化吸收吃進肚子裡的食物一樣。

　　我認識一些笨蛋，他們對於知識總是死記硬背，經久不變地閱讀。但是他們從來都不會去思考。當他們有一丁點空閒的時候，他們就會隨手抓來一本書，然後就開始閱讀。換句話說，他們在智力方面總是在吃東西，而從來不去消化或者吸收知識。

　　我認識一個年輕人，他就養成了這樣的閱讀習慣，幾乎看不見他手裡不拿著書刊、雜誌或者報紙的時候。他總是在讀書，在家裡、在車上、在火車站都是這樣，而且他也掌握了淵博的知識。他極其渴望知識，然而他的思想似乎由於他的頭腦長期處於用於死記硬背已經開始逐漸變得衰弱了。

　　讓每一位讀者在頭腦中都記住米爾頓（John Milton）的詩句吧：

誰讀個無休無止，也讀不出名堂來，
得不到高等的或者更高明的精神和判斷力，
（是他帶給的，他何需別處去尋求）
仍然落得個模糊不清絕不定，
書本呢滾瓜爛熟，可自己仍淺薄，
食而不化，或自我陶醉，拾取小小玩意，
不登大雅之堂，猶如孩子們在海邊撿拾小卵石。

當韋伯斯特[25]還是個孩子的時候，書籍非常稀少，而且十分珍貴，他從來沒有夢想過自己能讀一讀它們，而是想著應該將它們牢記住，或者一遍又一遍地閱讀它們，直到它們成為自己生活的一部分。

伊莉莎白·巴雷特·白朗寧[26]說道：「我們因為讀了太多的書而犯下了錯誤，並且與我們所思考的東西不成比例。我相信如果我讀過的書沒有現在的一半那麼多的時候，我應該更聰明的，我應該擁有更加強大並且更加優秀的能力，並且按照我自己的觀點我應該站得更高。」

那些生活得更平靜的人們就不像其他人有那麼多的娛樂消遣，因而他們會經常思考得更加深刻，反省得更多。他們沒有讀過那麼多的書，卻是很優秀的讀者。

你應該將自己的思想融入書籍的閱讀或者任何問題的研究當中，就好像你拿著斧頭走向磨石的時候，不是為了從磨石那能得到什麼，而是為了將斧頭磨得鋒利一些。

書籍中的益處並不總是來自於我們從中記住了什麼，而是來自於書中的建設性意見，來自於書中那份可以塑造人的性格的力量。

「那不在於圖書館，而是在於你自身，」葛列格里說，「在於你的自尊和你對於豐功偉業的責任感你會找到『年輕的泉源』『長生不老藥』，還有所有其他有助於維持生命的新鮮和最佳時期的事物。」

「閱讀一本好書是件非常愉快的事情，過上幸福的生活是件更愉快的事情，並且過著這樣的生活便可以產生那種對抗老化和衰弱的力量。」

閱讀不是人們所擁有的，使人區別於彼此的能力、教育、知識。僅僅

---

25 韋伯斯特（Noah Webster,Jr., 1758-1843），美國辭書編撰人、英語語言拼寫改革家、政治撰稿人、編輯、多產作家。

26 伊莉莎白·巴雷特·白朗寧（Elizabeth Barrett Browning, 1806-1861），英國詩人。白朗寧被公認為是英國最偉大的詩人之一。她的作品涉及廣泛的議題和思想。她是一位博學，深思熟慮的人。影響了許多同一時期的人物，包括羅伯特·白朗寧。代表作：《葡萄牙人抒情十四行詩集》等。

掌握了知識並不意味著獲得了能力，還沒有成為你身體的一部分的知識，那些在緊急時刻不能主動排列成行等待使用的知識幾乎沒有什麼用處，而且在緊要關頭並不會挽救你。

為了更有效率，一個人所接受的教育應該在他繼續前行的時候與這個人融為一體。教育的各方各面必須糅合進能力之中。有一些實用的教育已經成為人的一部分，並且它總是可用的，在這世界上這樣的教育會比那些過於寬泛而且不能得到有效利用的知識產生更大的作用。

沒有人能比格萊斯頓[27]更好地闡明什麼樣的書會對人產生影響，以及思考者會拿他們的書籍做什麼，格萊斯頓要比他的職業偉大得多，他到達了國會之上，到達了政治影響範圍之外的地方，而且一直在成長。他非常熱衷於智力上的擴展。他那特有的天賦毫無疑問使他非常勝任教堂裡的工作，或者他會成為牛津大學或劍橋大學裡一位非常優秀的教授，但是周圍的環境引導著他走上了政治舞臺，而且他也很輕鬆地使自己適應了這個環境。他是一個全能的、博學的人，他透過對自己的藏書和生活的思考總結出了自己的方法。

對閱讀充滿興趣並且接近書的世界，最大的好處就是書籍作為娛樂和安慰所提供的幫助。

能夠擺脫自己，能夠從那些和我們有關的令人煩惱的、屈辱的、沉默的事情中逃離出來，隨意地走進美麗、歡樂幸福的世界是件多麼了不起的事情啊！

如果一個人因為失去親人或者遭遇不幸而備受打擊，那麼使他的思想恢復到完全穩定，恢復到正常狀態最快並且最行之有效的方法就是將其沉

---

27 威廉‧尤爾特‧格萊斯頓（William Ewart Gladstone, 1809-1898），英國政治家，四次出任英國首相。

浸於理智的氛圍之中，一種上進的、令人鼓舞的、振奮人心的氛圍，而且這種方式總是會在優良的書籍中被輕易地發現。我認識一些人，他們正遭受這最最痛苦的精神上的苦悶，從幾乎使人精神錯亂的失敗與打擊，到思想狀態上發生徹底的改變，這種改變靠的是來自於全神貫注於一本偉大的書籍所帶來的暗示性力量。

　　無論我們在哪看見那些有錢的老男人無所事事地坐在俱樂部裡面，抽著菸，向窗外張望著，在飯店中懶散地消磨著時間，四處旅行，心神不安，不高興，不知道自己要做些什麼，因為他們從來沒有為自己生命中的這段時間做出任何的準備。他們將自己所有的精力、雄心，以及所有一切都融入自己的事業當中去了。

　　我認識一位年長的先生，他一直都是一位極其活躍的生意人。他一直對所有發生過的大事瞭若指掌。在他整個的職業生涯中他一直知曉這個世界將要發生什麼事情。退休隱居了的他，現在仍然非常的幸福和滿足，就像一個孩子一樣，因為他一直都是一位非常熱心的讀者、閱讀的愛好者。

　　那些讓自己的思想彎向另一個方向時間太長的人，很快就會失去自己的靈活性，自己精神上的活力、新鮮度、自發性。

　　請允許我引用一句杜利先生說過的話：「閱讀不是思考，閱讀是為了讓頭腦得到休息而在睡覺之前最後要做的一件事情。」

　　我個人認為，我更願意引用多才多藝的英國人羅斯伯里伯爵的例子。在位於西考爾德，密德羅申的卡內基圖書館的開館儀式的演講中，他對於書籍的價值進行了非常有特色的評說，內容大致為：

　　「無論如何，都會有一種情形存在，書籍本身必定有一個目標，而且那就是更新換代和疲勞過後的補充。當對象得到恢復並且得到加強的時候，在想像的世界中失去了這個世界的關心照顧，那麼這本書就不僅僅是

一種工具了。這是書籍本身的一個目標。書籍會使人煥然一新，得到提升並且能夠振奮人心。那些熱愛圖書的來自各種工作環境的人們，無論是體力勞動者還是腦力勞動者，拖著疲憊痠疼的身軀一頭栽進了那些偉大的作家的世界中，這些作家可以使他從地面升起然後進去到一個新的天堂和新的世界，在那裡他可以忘記那些傷痛，使自己的手腳得到充分的休息，當他返回到現實世界中時，他又是一個充滿活力的快樂幸福的人。」

阿特金斯教授問道：「誰能夠過度地估計優良的讀物的價值？那一條條思想，就像培根那樣精巧細微地稱呼他們，飛過時間的海洋，將他們珍貴的貨物準確無誤地一代接著一代傳下去。這裡有最為優秀的精神賜予我們的當今和過去的歲月中最為傑出的智慧；這裡有在才華上遠遠超過我們自身的智謀，隨時會賦予我們經過終生的耐心思考的結果，想像力對世間萬物的美麗敞開著大門。」

優良讀物的愛好者永遠都不會非常地孤單，而且不管他們身居何處，當他們離開了工作之後他們總是能夠找到愉快的而且有利可圖的職業以及成為社團中的佼佼者。

誰又能對繪畫藝術，對於那些將自己最優秀的思想寫入我們隨時都可以品讀的書籍中的作者報以足夠的感激？透過他們的書籍與那些偉大的思想進行交流的好處要超過與他們本人接觸所帶來的。他們的最佳素養生活在他們的書籍當中，而他們那些令人討厭的怪癖，他們的特異性，他們的那些不太適宜的特徵則被排出在書籍之外。在他們的書中我們能發現處於最佳狀態的作者。他們在書中的思想是經過精雕細琢、仔細篩選的。書籍朋友總是會隨時聽候我們的差遣，從來不會打擾我們，或者惹我們生氣。不管我們有多麼緊張焦慮、疲勞厭倦，或者氣餒，他們總是會給我們以安慰、鼓勵。

在午夜時分，當我們無法入睡的時候，我們可以呼喚來最偉大的作

家，並且他也會非常願意和我們待在一起，無論在什麼時間。我們不會被從巨大的圖書世界裡的隱匿處或者角落裡驅逐出來，我們可以在沒有預約的情況下，無須裝飾打扮或者遵守任何禮儀的約束，不受任何影響地就去拜訪那些曾經非常著名的人物。我們可以在沒有及時的通知以及熱烈的歡迎的情況下突然拜訪米爾頓、莎士比亞、愛默生、朗費羅[28]、惠蒂埃[29]。

「你可以融入社會中去。從最廣泛的意義上講，」蓋琪[30]說，「在一間宏大的圖書館裡，有著無須任何引薦並且無須害怕遭到拒絕排斥的優點。從擁擠的人群中，你可以選擇自己中意的同伴，因為在那些不朽的作家寂靜無聲的書頁當中沒有傲慢，並且那些偉人們可以隨時聽候矮小的人物的差遣，而且是極其的謙遜。你可以自由自在地與任何人說話，無須考慮自己的低下的地位；因為書籍非常有教養，而且要是有一點歧視存在的話是不可能贏得任何一個人的感情的。」

威廉·馬修斯說過，「不是年輕人閱讀的書籍的數目使他變得聰明和見識廣博，而是他已經掌握的那些精心挑選過的書籍的數目，因此他們身上的每一個有價值的想法都是一位熟悉的老朋友」。

只有帶著日益加深的樂趣反覆閱讀書籍的時候，它們才能真正地貼近人的心靈，成為像麥考利所發現的那樣，這位老朋友從來沒被發現有新臉孔，而且無論我們是富有還是貧窮，無論是光輝榮耀還是默默無聞，對我們的態度都是一樣。在唯讀過一兩次的情況下，沒有誰能夠真正地融入優美的詩篇、宏大的歷史、精巧幽默的書籍，或是高雅優美的散文集的最深處，人們必須讓其中寶貴的思想和實例儲藏在記憶的百寶箱之中，然後在

28　亨利·華茲華斯·朗費羅（Henry Wadsworth Longfellow, 1807-1882），美國詩人、翻譯家。代表作：《夜吟》、《奴役篇》、《基督》、《伊凡吉林》、《海華沙之歌》等。

29　約翰·格林里夫·惠蒂埃（John Greenleaf Whittier, 1807-1892），美國詩人、編輯、作家和廢奴主義者。代表作：《赤腳的男孩》、《笆笆拉》和《雪界：一首冬季田園詩》等。

30　阿奇博·蓋琪（Sir Archibald Geikie, 1855-1924），蘇格蘭地質學家、作家。

閒暇時光裡慢慢回味。

「一本圖書可能會是一位永恆的伴侶。朋友來來往往，聚聚分分，但是書籍可以分享全部的經歷，消磨所有的時間。」

戈德史密斯說：「當我初次讀到一本優良的讀物的時候，對於我來說就好像是結交了一位新朋友一樣。當我再次閱讀自己曾經熟讀過的書籍的時候，那種感覺就好像是遇見了一位老朋友一樣。」

威廉·埃勒里·錢尼 [31] 說：「不管我是多麼貧窮，就算我自己一生的成功都不會進入我那昏暗隱蔽的寓所之中；如果那些神聖的作家能夠降臨並且住在我的屋簷下，如果米爾頓能夠穿過我的門檻向我歌頌天堂，莎士比亞能夠向我打開幻想世界的大門並且向我公開發自心靈的作品的時候，儘管被那個據說是在我所居住的地區最優秀的社團中排擠出來，我也不會再渴望那些睿智的友情了。」

米爾頓說：「書籍像一個寶瓶，把作者生機勃勃的智慧中最純淨的精華保存起來。好書是偉大心靈的寶貴血脈，也因被保存和銘記於心，讓生活尋得新生命。」

亨利·沃德·比徹（Henry Ward Beecher）說：「一本好書就是一位善良的同伴。它會用豐富的知識實現你所期待的，但是它永遠不會糾纏著你。當你心不在焉的時候，它不會冒犯你，如果你轉向其他的書頁或者服飾甚至是其他書籍的樂趣的時候，它也不會忌妒吃醋。它就這樣寂靜無聲、無須任何回報地滿足著人的靈魂，即使對於受到雇用的愛都不曾這樣過。然而更加崇高的是，它似乎是自己一代一代傳下去，進入人們的記憶中，翱翔在記憶中的銀色轉變裡，直到外部書籍的靈魂和精神飛到你的身邊，然後像精靈一樣占據了你的記憶。」

31　威廉·埃勒里·錢尼（William Ellery Channing, 1780-1842），美國唯一神牧師。

第九章　讀書教育

第十章
閱讀中的差別

　　讓自己養成每天都閱讀十分鐘優良讀物的習慣。倘若你所閱讀的是有益於身心的讀物，每天的這十分鐘將會在未來二十年的時間裡形成有教養與無教養之間的差異。

　　如果你能選擇基本百讀不厭的書來閱讀，那麼你很明智，因為這是進行自我修養的根本途徑。

　　如果你想選擇一些備受追捧的書，最好還是參考一下其他人做出的選擇經久不衰的書籍，那些經過數代讀者檢驗過的經典之作。要是僅僅選擇幾本，那麼就選擇那些高素養並且聲名顯赫的書籍。即使是在那些小圖書館裡，這樣的圖書也很容易找到。

　　這其中最基本的一條原則就是如果你不喜歡某一本書，那麼就千萬不要去讀它。其他人所喜歡的圖書，你可能並不喜歡。任何的圖書清單都是建議性的，它可能只對那些重視它的人具有約束力。物以類聚。

　　你是否曾經想過，你正在尋找的東西也正在尋找你呢，這就是相聚在一起的吸引力法則。

　　如果你的鑑賞能力很粗糙，鑑賞傾向有缺陷，你也不必費盡九牛二虎之力去尋找那些粗糙的、品味低下的書籍；它們也正透過吸引力法則尋找你呢。

　　一個人閱讀的品味與他對於食物的品味非常相像。要盡量避免那些枯燥乏味的書籍，就像人們會拒絕那些令自己討厭的食物，對於另外一些人來說，這些書籍可能並不那麼枯燥乏味，而那些食物也不是那麼令人討厭。全國上下所有的人可能都會吃高麗菜，或者鹹魚，我卻兩樣都不喜歡。因此，每一位讀者最終都必須做出自己的選擇，而且找到那些正在尋找他們的書籍。任何一個非隨意翻閱的讀者都會很快地選擇一列較短書架上的圖書，與那些恰好適合其他人的更長的書架上的圖書相比，他們更喜歡前者。每一架上的書籍都是優良的讀物，但哪一架上的書籍都不是最優良的讀物，如果它是最適合你或者我的話，那麼它可能就不是最適合於每一個人的。

在印度有一位非常博學之士，在他閱讀的時候，當他翻動書頁，感覺到手指上一陣刺痛，一條小蛇掉落下來然後蠕動著爬出了人們的視線。這位空談家的手指開始腫脹，接著是他的胳膊，一小時過後，他失去了自己的生命。

有哪個人注意不到躲藏在家中書籍裡的小蛇？透過道德毒藥已經改變了小男孩的性格，致使他再也無法和以前一樣了。

卡萊爾[32]將圖書分為善惡兩部分，這是多麼地恰如其分啊。

要是監獄裡的囚犯在他們年輕的時候，能夠從善惡不同的書籍中選擇閱讀，去閱讀那些催人上進而不是令人墮落的書籍，那麼大多數囚犯現在的經歷會完全不同。

克里斯琴・克拉克博士在一座大城市裡看見柱子上貼了一則醒目的告示：「所有的男孩都應該去讀發生在西部平原上的精彩故事：亡命兄弟搶劫殺人無人能及，故事怪誕離奇、令人毛骨悚然，價格便宜，只需五美分。」第二天早上，克拉克博士在當地的一份報紙上看到，七個男孩因為盜竊以及搶劫四家商店而被捕。其中一位主犯竟然只有十歲。在他們的成長軌跡中，似乎每一個人都曾經將五美分投資在了那本邊境犯罪的故事上。「紅眼迪克，洛磯山脈的恐怖故事」，或者其他一些類似的故事已經毒害了很多年輕人。一本充滿了誘惑性使人道德敗壞的圖書會毀掉一個人所有的雄心壯志，除非他嚮往那種罪惡的生活。閱讀一本對人有害的圖書會使一個人以前所有的溫柔、美好以及有益的部分化為烏有，會使他判若兩人。這種書激起了獲得更多被禁止的樂趣的欲望，直到放棄了對更美好、更純潔、更健康的食物的渴望。這種令人激動的文學作品，時常會沾

32　湯瑪斯・卡萊爾（Thomas Carlyle, 1795-1881），蘇格蘭評論家、諷刺作家、歷史學家。他的作品在維多利亞時代甚具影響力。代表作：《論英雄、英雄崇拜和歷史上的英雄業績》、《過去與現在》、《法國革命》等。

滿不道德的暗示，會為那些遭到禁止的事物辦理合法通行證，它對一個人思想上造成的耗散，對於所有正當的思想來說都是致命的。

有一次，一個小男孩拿給另一個孩子一本滿是猥褻的話語和圖片的書籍。他只把這本書拿在手裡幾分鐘。後來他在教堂裡獲得了一份很重要的工作，並且隨後的幾年他對一位朋友說，要是沒有看到那本書，他可能已經奉獻出自己所擁有的全部財富的一半了。

輕鬆、無味的故事不會給他們帶來任何道德品行上的教育，並且已經嚴重地傷害到了我所認識的一位非常聰穎的女士的頭腦。就像那些頭腦已經變得麻木，對於毒品已經上癮的人一樣，透過不斷持續的精神浪費，她的頭腦已經完全意志消沉。與有害的東西過度地親密便會瓦解對於美好事物的鑑賞力。她對生活的抱負和理想已經發生了徹底的改變。她僅有的樂趣就是透過邪惡的、不健康的文學書籍所帶來的幻想的興奮。

與生性輕浮、膚淺的人熟識相比沒有什麼其他的事物能夠更加迅速地損害善良的思想。即使他們可能並不是真正地充滿邪惡，但如果他們所閱讀的書籍與實際生活不相符、不能給人以訓誡、不能啟迪心智，而僅僅是為了刺激人的熱情和病態的好奇心，那麼所有的這些都會在很短的時間內毀掉最優秀的那一部分思想。它往往會使人的理想破滅並且毀滅所有閱讀優良讀物的品味。

在我們進行閱讀的過程中，我們可能會暗中地接觸到那些殺人害命的毒藥，或者我們可能吸收進那些力求我們向上仰望的激勵和鼓舞。某些書籍的毒害是極其危險的，因為非常難以捉摸，惡魔通常都會將自己裝扮一番以使自己看上去十分善良。小心這樣的書籍，儘管它們可能並不包含一個邪惡的詞語，卻散發著邪惡的跡象。

書籍中彌漫的精神，作者在寫書時思想中潛在的動機都和這本書的影

響力有著莫大的關係。讀那些能讓你高瞻遠矚的書籍，讀那些能激勵你成為更偉大的人、能在這世界上做出更大貢獻的書籍。

讀那些讓你更多地去思考自己並且更加相信自己和別人的書籍。要小心那些動搖你對自己同伴的信心的書籍。讀那些有助益的圖書，那些可以稱得上是建築者的書籍；盡量避免那些拆卸者。要小心那些逐步破壞你對男性的信任、對女性的尊重的作者，他們會動搖你對於家庭的神聖性的信仰並且會嘲笑宗教信仰，他們暗中破壞了責任感和道德義務。

那些我們經常拿在手中並且最為重視的書籍有著我們的興趣和志向。任何一個陌生人都可以透過仔細地調查和分析一個自己從來沒有見過的人的閱讀資料，將這個人的自傳寫得相當精彩。

讀書、讀書、盡可能地讀書。但是千萬不要去讀那些有害處的書籍或者不良書籍。生命非常短暫，時間非常寶貴，因此我們不能將時間用在閱讀每一本書籍上，只能花在那些最優良的書籍上。

任何一本能夠帶走你對於一本更優良的書籍的渴望的圖書對你都是有害處的。

許多人仍然堅信讓年輕人去讀那些虛構的文學作品是件有害處的事情。他們認為年輕的思想會因閱讀那些他們認為並不真實的東西，對於純粹幻想出來的英雄的描述，以及那些從來沒有發生過的事情的描述而在道德上開始變得扭曲。現在，這是一個大問題的非常狹窄、非常有限的一個方面。那些人並不理解想像的功能，他們並不知道大多數即使在孩童時期就一直活在我們的思想中的虛幻的英雄，他們對我們的生活的影響要比那些有血有肉的現實人物更加真實。

狄更斯筆下那些非凡的人物，似乎比我們曾經遇見過的人物更加真實。他們已經陪伴著千百萬人從孩提時代直至老年，並且對那些人一生的

影響都是有益的。我們中的許多人都會把從我們的記憶中將這些小說中的人物清除出去並且帶走這些人物對我們的生活的影響視作一場巨大的災難。

讀者有時候會因為一部優良的小說而變得異常興奮，他們的思想被提升到勇敢和大膽的高度，他們的天資是如此尖銳和牢固，他們所有的天性都被激發了出來，因此他們可以暫時去嘗試完成那些對他們來說在沒有激勵的情況下不可能完成的事情。

在我看來，這是虛構的文學作品最重要的價值之一。如果它是對人有益並且能夠鼓舞人心的，那麼它對於所有的思維和品行能力來說是一種非常優秀的鍛鍊；它能增加人的勇氣；它能激發人的熱情；它可以將頭腦中的腦力垃圾清除出去，而且真正能夠加強領會新的原則以及設法解決生活中的困難的能力。

許多喪失了信心的靈魂透過閱讀優良的愛情故事已經煥然一新、精神充沛，已經重新踏上新的生活旅途。我回想起一部小說，名叫《魔法故事》，這本書幫助了非常多喪失了信心的靈魂，在他們準備放棄努力的時候，賦予了他們新的希望、新的生活。

閱讀優良的小說是一種相當優秀的想像力訓練方法和想像力建設者。透過暗示和聯想，它激發人的想像力，有力地增強人的想像能力，並且保持它的健康活力與生氣，而且對身心有益的想像力在每個頭腦理智並且值得尊敬的人的一生中扮演著重要的角色。對我們來說，它使得將那些討厭的過去關在門外，隨意地將我們所犯下的錯事、失敗以及不幸和駭人聽聞的記憶關在門外成為可能；它幫助我們忘記自己的煩惱和悲傷，並且可以隨意地進入我們自己創造的嶄新的世界，一個我們可以按照自己的意願將其裝扮得漂亮、雄偉的世界。

想像力是財富、奢侈品以及物質需求非常不錯的替代品。不論我們是

多麼貧窮，或者多麼不幸，我們甚至可能臥床不起，我們都可以在想像力的幫助下環遊世界，參觀那些偉大的城市，並且親自創造最美好的事物。

約翰‧赫希爾[33]先生講述了一件有趣的逸事闡明了源自於書本的樂趣，這種樂趣並不一定是頂級的。在某個小村莊裡，一位鐵匠拿著理查森的小說《帕米拉》（又名《美德得報償》），習慣在夏日的漫漫長夜坐在自己的鐵砧上，大聲地朗讀給廣大留心的聽眾。這本書絕不是短篇，但是他們都聽得相當認真。「最後，當命運的幸福轉捩點來臨的時候，根據最為普遍認同的準則，書中的男女主角走到了一起，然後一直幸福長久地生活下去，人群是那麼歡欣鼓舞，並報以巨大的歡呼，然後獲得了教堂的鑰匙，實際上是讓教區的鐘聲響起。」

《室內》雜誌的編輯不久前說道：「現在它全都回到我的身邊了，冬日夜晚的老宅，窗簾垂落，燃燒的爐火散發著適宜的溫暖氣息，蔭蔽的燈光散發著性情溫和的光輝。一個十五六歲的男孩俯身拿起一冊借來的海洋故事集。他讀了四個小時，忘記了周圍的環境，直到他的父母因為這不同尋常的安靜開始注意到他。他們發現這個孩子帶著抑制的興奮從頭到腳不停地顫抖。父親的大手放在畫冊上，斷然地把它合上了，然後命令道，『五年之內不可再看小說了』。這個男孩離開了自己的床，不喜不悲，在想自己是找到了束縛還是達到了自由。」

「實際上他兩種都達到了。因為那種強制的命令不分青紅皂白地就不許他在個性形成的重要時期接觸文學作品，這些文學作品可以點燃他的創造力，豐富他的想像力，並且提升他的表達能力。但是這條禁令將這個男孩從可能的墮落拯救到了地獄之中，它創造了歷史上的英雄，而不是神話

33　約翰‧赫希爾（Sir John Herschel, 1792-1871），英國數學家、天文學家、化學家、發明家、實驗攝影家。

中的半神半人，他的同伴，並且在文學作品的想像中將這些旅行保存到更加成熟的年月，而這種想像要麼將年輕人引領至天堂，要麼拖入地獄。」

「在以前從來沒有過像現在這樣對於小說的需求，而且它的用途也從來沒有比現在更多的機遇。沒有什麼其他的事物會像生活那樣對人生充滿了吸引力。但是小說裡的核心人物所渴望的並不是『就照目前這樣生活下去』。而是朝它應該的那個樣子生活下去。我們想要的不是軟弱無力的人，而是那些堅強有力的人；不是那些平平庸庸的人，而是那些非凡卓越的人。沒有人反對『論題小說』，除了那些反對相關論題的人。在大師們的手中，帶著極大的熱情、極溫柔的情感、最神聖的希望，經過一些本色處理，在宏偉的視野中可以描繪出並且提升所有這些精神力量。然而作為歷史事件，我們看到小說已經完成了某一輩人的任務，對於這項任務布道者已經毫無效果地努力了將近百年的時間。了解到了這一點，說出沒有什麼最終沒有產生故事的哲學理論、沒有革新家的希望，或者沒有聖徒的祈禱這樣的話都是安全的。小說擁有一對翅膀，而邏輯則拄著拐杖緩慢前行。在它利用形上學家來確定出前提的時候，小說家就已經達到了目標而且在他之後察覺到了熙熙攘攘的喧囂。」

按照書籍的受歡迎程度排序，由幾年之前文學新聞的讀者評選出，下面這些就是世上最優良的十本小說：

《大衛·科波菲爾》	狄更斯
《撒克遜英雄傳》	司各特
《亞當比德》	艾略特
《紅字》	霍桑
《名利場》	薩克雷
《簡·愛》	勃朗特

《湯姆叔叔的小屋》	哈利特·比徹·斯托
《紐克姆一家》	薩克雷
《悲慘世界》	維克多·雨果
《約翰·霍利法克斯》	馬婁克·克雷克

下面這十本最優良的小說，是由相同的選民評選出的，與前述的那十本書一起構成了世界上最受歡迎的二十本書，它們是：

《肯尼沃斯城堡》	司各特
《亨利·艾斯芒德》	薩克雷
《羅慕拉》	喬治·艾略特
《龐貝城的末日》	利頓
《米德鎮的春天》	喬治·艾略特
《玉石雕像》	霍桑
《彭登尼斯》	薩克雷
《希帕蒂亞》	查爾斯·金斯利
《帶有七個尖角閣的房子》	霍桑
《弗洛斯河上的磨坊》	喬治·艾略特

對於那些喜愛有著潛在主題的小說的人來說，下面這張由漢米爾頓·萊特·瑪比亞為婦女家庭雜誌所列的清單，將會提供一個令人滿意的選擇範圍：

《濃湯》	丘蒙德莉
《海倫娜的覺醒》	德蘭
《飛利浦和他的妻子》	德蘭

《愛國者》	佛加吉羅
《聖徒》	佛加吉羅
《罪人》	佛加吉羅
《潛流》	格蘭特
《無酵餅》	格蘭特
《德伯家的黛絲》	哈代
《普通簽》	赫里克
《他的兒子》	韋切爾
《歡樂之家》	沃頓
《樹之果實》	沃頓

下面一些關於社會學問題的小說：

《設身處地》	里德
《亡羊補牢，猶未晚也》	里德
《菲力克斯·霍爾特》	艾略特
《眾生浮世記》	貝贊特
《深淵》	諾里斯
《父與子》	屠格涅夫
《真理調》	左拉
《回顧》	貝拉米
《叫花子》	道格爾
《悲慘世界》	雨果
《湯姆叔叔的小屋》	哈利特·比徹·斯托

情節類小說：

《月亮寶石》	柯林斯
《金銀島》	史蒂文森
《簡‧愛》	勃朗特
《密德羅申監獄》	司各特
《巴黎聖母院》	雨果
《亡羊補牢，猶未晚也》	里德
《弗洛斯河上的磨坊》	艾略特
《綠林蔭下》	哈代
《我們共同的朋友》	狄更斯
《三劍客》	大仲馬
《基度山恩仇記》	大仲馬

人物研究小說：

《傲慢與偏見》	奧斯丁
《多愁善感的湯米》	巴里
《米德爾馬契》	艾略特
《安娜‧卡列尼娜》	托爾斯泰
《約瑟夫‧凡斯》	德‧摩根
《卡斯特橋市長》	哈代
《紅字》	霍桑
《塞拉斯‧拉帕姆的發跡》	豪威爾斯
《淑女本色》	詹姆斯
《利己主義者》	梅瑞狄斯
《禮拜堂》	沃頓

《神火》　　　　　　　　　　辛克雷爾

《名利場》　　　　　　　　　　薩克雷

《化身博士》　　　　　　　　　史蒂文森

現實主義小說：

《安娜・卡列尼娜》　　　　　　托爾斯泰

《黛絲米勒》　　　　　　　　　詹姆斯

《波士頓人》　　　　　　　　　詹姆斯

《亞當・彼得》　　　　　　　　艾略特

《弗洛斯河上的磨坊》　　　　　艾略特

《孤雛淚》　　　　　　　　　　狄更斯

《一雙湛藍的秋波》　　　　　　哈代

《新財富的危害》　　　　　　　豪威爾斯

《歡樂之家》　　　　　　　　　沃頓

《普通簽》　　　　　　　　　　赫里克

浪漫主義小說：

《巴黎聖母院》　　　　　　　　雨果

《大衛・鮑爾弗》　　　　　　　史蒂文森

《聖艾芙》　　　　　　　　　　史蒂文森

《奧托王子》　　　　　　　　　史蒂文森

《查爾斯・奧瑪麗》　　　　　　利弗

《蓋伊・曼納林》　　　　　　　司各特

《驚婚記》　　　　　　　　　　司各特

| 《玉石雕像》 | 霍桑 |
| 《以撒斯先生》 | 克勞福德 |

幽默小說：

《威克斐牧師傳》	戈德史密斯
《綠林蔭下》	哈代
《深港》	朱伊特
《魯德·格蘭奇》	斯托克頓
《老城的人們》	斯托
《唐吉訶德》	塞凡提斯

著名的學者，約翰·盧伯克爵士在他總結的「百部優良圖書」的清單上列出了以下這些現代小說的代表：

《愛瑪》或者《傲慢與偏見》	奧斯丁
《名利場》和《彭登尼斯》	薩克雷
《匹克威克外傳》和《大衛·科波菲爾》	狄更斯
《亞當·彼得》	艾略特
《向西去啊》	金斯利
《龐貝城的末日》	布林沃·利頓
華特·司各特所有的小說	

由漢密爾頓·萊特·梅彼編輯整理的供年輕人閱讀的圖書的清單在下面按好壞等級列出來。這張清單尤其得到了教師和家長們的重視。

供五歲以下兒童閱讀的書籍

女孩：

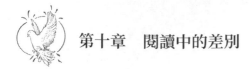

《鵝媽媽》、《經典育兒故事灰姑娘》、《三隻小熊》、《小紅帽》、《七個小矮人》等等。

《民間故事和寓言故事》	賀拉斯‧伊萊莎‧斯卡德
《故事天地》	伊莉莎白哈里森
《在兒童的世界裡》	艾蜜莉
《一個少年歌手的歌》	內德靈‧戈爾‧威廉‧哈樂德
《故事時間》	凱特‧道格拉斯‧威金、
	諾拉‧阿契博得‧史密斯
《善良的仙女和兔子》	艾倫‧A‧格林
《貓的故事》	海倫‧亨特‧傑克森
《聖經故事》	

男孩：

《鵝媽媽》（尼斯特爾插畫版）、《動物園圖書》、《農場圖書》、《悶悶叫的牛》、《我們的狗類朋友》、歐尼斯特‧尼斯特爾編著的動物圖書、H‧E. 斯卡德編著的《民間故事集》、《神話故事格林和安徒生童話》、簡‧安德魯斯著述的《大自然母親告訴孩子》、《伊索寓言》、羅伯特‧路易士‧史蒂文森編著的《兒童詩歌樂園》、《聖經故事》。

供五歲至十歲的孩子閱讀的書籍

女孩：

《愛麗絲夢遊仙境》	路易斯‧卡羅爾
《愛麗絲鏡中奇遇記》	路易斯‧卡羅爾
《搖籃曲》	尤金‧菲爾德
《七個小姐妹》	簡‧安德魯斯

《會玩會工作》　　　　　　　　伊迪斯・阿爾及爾

《小古蒂的兩隻鞋》　　　　　　查爾斯・威爾斯編輯

《瑪菲特小姐的聖誕派對》　　　薩繆爾・麥科德克・勞瑟思

《海華沙之歌》　　　　　　　　朗費羅

《五分鐘故事》　　　　　　　　蘿拉・伊莉莎白・理查茲

《瘸腿小王子》　　　　　　　　瑪利亞・馬婁克・克雷克

《布朗妮黛娜歷險記》　　　　　瑪利亞・馬婁克・克雷克

《亞瑟王的傳說》　　　　　　　法蘭西斯・尼莫格林

《玫瑰與戒指》　　　　　　　　薩克雷

《大師們的兒童故事》　　　　　喬治・麥克唐納

《北風的背後》　　　　　　　　喬治・麥克唐納

《民謠》　　　　　　　　　　　愛麗絲、菲比・克雷

男孩：

《金河王》　　　　　　　　　　魯斯金

《水孩子》　　　　　　　　　　金斯利

《正像故事一樣》　　　　　　　吉普林

《和魯納斯叔叔在一起的夜晚》　哈里斯

《自然界的傳說》　　　　　　　K・A・格雷爾

《克萊比和弗萊：兩隻護衛狗的故事》　查爾斯・威爾斯編輯

《孩子王亞瑟》　　　　　　　　悉尼・拉尼爾

《羅蘭的故事》　　　　　　　　詹姆斯・鮑德溫

《西格弗里德的故事》　　　　　詹姆斯・鮑德溫

《黃金歲月的故事》　　　　　　詹姆斯・鮑德溫

《遊覽倫敦》	愛德華·維羅爾·盧卡斯
《托比泰勒》	詹姆斯·奧提斯
《好人與英雄》	羅伯特·愛德華·弗蘭西昂
《蜂鳴器》	莫里斯·諾伊爾
《森林王子》	吉卜林
《森林王子（續）》	吉卜林
《拉布和他的朋友》	約翰·布朗博士
《黑美人》	安娜·休厄
《路邊男孩》	安娜·安德魯斯
《偉大美國的基石》	愛德華·埃格爾斯頓
《奇蹟書》	霍桑
《雜林別墅裡的希臘神話》	霍桑

供十歲到十五歲孩子們閱讀的書籍

女孩：

《小婦人》	路易莎·梅·奧爾柯特
《小紳士》	路易莎·梅·奧爾柯特
《舊式女孩》	路易莎·梅·奧爾柯特
《紫丁香樹下》	路易莎·梅·奧爾柯特
《喬的男孩們》	路易莎·梅·奧爾柯特
《兩個流浪兒》	摩斯·沃思女士
《我們》	莫爾斯·沃思女士
《莎士比亞戲劇故事集》	蘭姆
《弗朗科尼亞逸事》	雅各·亞伯特

《薩拉克魯：小公主》　　　　　伯內特女士

《天路歷程》　　　　　　　　　約翰·班揚

《織工馬南》　　　　　　　　　艾略特

《弗洛斯河上的磨坊》　　　　　艾略特

《水精靈溫蒂》　　　　　　　　傅柯

《洛納·杜恩》　　　　　　　　布萊克·摩爾

《希爾德加德系列》　　　　　　蘿拉·伊莉莎白·理查茲

《小大臣》　　　　　　　　　　詹姆斯·馬休斯·巴里

《太陽溪農場的麗蓓嘉》　　　　凱特·道格拉斯·維珍

《麗蓓嘉新三部曲》　　　　　　凱特·道格拉斯·維珍

《桃樂絲歷險記》　　　　　　　喬斯林·路易斯

《吉普賽圖書》　　　　　　　　伊莉莎白·斯圖亞特·費爾
　　　　　　　　　　　　　　　普斯·沃德

《小楊柳》　　　　　　　　　　哈里特·比徹·斯托

《六到十六》　　　　　　　　　茱莉安娜·希拉提亞·伊玲

《倫敦道爾的記憶》　　　　　　法里斯蒂爾

《康斯坦丁神父》　　　　　　　盧多維奇·哈勒維

《雛菊花環》　　　　　　　　　夏洛特·瑪麗·讓

《房屋的石柱》　　　　　　　　夏洛特·瑪麗·讓

男孩：

《天方夜譚（加長版）》　　　　詹姆斯·費尼莫爾·庫柏的小說

《老友記》　　　　　　　　　　斯托克頓

《印第安納校長》　　　　　　　愛德華·埃格爾斯頓

《午夜太陽之地》　　　　　　　　　杜・才魯

《湯姆求學記》　　　　　　　　　　休斯

《七海豪俠》　　　　　　　　　　　理查・亨利・丹納

《兩個小野人》　　　　　　　　　　歐尼斯特・湯瑪斯・塞頓

《林肯的童年生活》　　　　　　　　海倫・尼古拉

《大山》　　　　　　　　　　　　　H・A・瓦謝爾

《歷險故事》　　　　　　　　　　　愛德華・埃弗雷特・希爾

《男孩們的英雄》　　　　　　　　　愛德華・埃弗雷特・希爾

《小飛鼠的故事》　　　　　　　　　伯勒斯

《小鳥和蜜蜂》　　　　　　　　　　伯勒斯

《金銀島》　　　　　　　　　　　　史蒂文森

《頑童故事》　　　　　　　　　　　奧爾德里奇

《後備丈夫》　　　　　　　　　　　弗雷德里克・瑪莉婭特

《瑞士家庭魯賓遜》　　　　　　　　約翰・魯道夫維斯

《瑞普・凡・溫克》　　　　　　　　歐文

《睡谷傳說》　　　　　　　　　　　歐文

《孤身環球航行》　　　　　　　　　約書亞・斯洛克姆

《他國的男孩》　　　　　　　　　　貝阿德・泰勒

《財富屋》　　　　　　　　　　　　湯瑪斯・愛德華・詹維爾

《向西去啊！》　　　　　　　　　　查爾斯・金斯利

《飛過劇場穹頂的鳥》　　　　　　　F・A・梅利亞姆・貝利

《奧德賽的譯本》　　　　　　　　　G・H・帕爾默

《三個希臘男孩》　　　　　　　　　丘奇

《年輕的馬其頓人》　　　　　　　　丘奇

《馬可波羅遊記》   T·W·諾克斯

《少年團的日子》   查爾斯金

《西點軍校的生活》   H·I·漢考克

《銀冰鞋》   瑪麗·梅普斯·道奇

《半身》   拉爾夫·亨利·巴伯

《國界的背後》   拉爾夫·亨利·巴伯

《加菲爾德的生活》   威廉·奧斯本·斯托達德

《失去祖國的人》   愛德華·埃弗雷特·希爾

《1898 年的藍色夾克》   威利斯·約翰·阿博特

《戰地》   威利斯·約翰·阿博特

《普盧塔克》   約翰·S·懷特

《愛的教育》   埃得蒙多·德·亞米契斯

《古羅馬法律》   麥考利

《哈樂德》   萊頓

供十五歲到二十歲的年輕人閱讀的書籍
女孩：

《約翰·霍利法克斯》   馬婁克·克雷克夫人

《紳士》   馬婁克·克雷克夫人

《新英格蘭修女》   瑪麗·E·威爾金斯

T·B·阿爾德里克短篇故事

簡·奧斯丁的小說

查爾斯·里德的小說

《伊利亞隨筆》

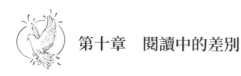

《芝麻與百合（追求生活的藝術）》　　　　約翰‧魯斯金

《野橄欖花冠》　　　　　　　　　　　　　約翰‧魯斯金

《小河》　　　　　　　　　　　　　　　　亨利‧范‧戴克

《統治的熱情》　　　　　　　　　　　　　亨利‧范‧戴克

《擁有與占有》　　　　　　　　　　　　　瑪麗‧約翰斯頓

湯瑪斯‧內爾森‧佩奇的短篇小說：《聖伊拉里奧》、《薩拉系內斯卡》、《卡里昂》、《馬雷塔》法蘭西斯‧馬麗思‧克勞福德

《潘娜洛普在英格蘭的經歷》　　　　　　凱特‧道格拉斯‧威金

《潘娜洛普的成長史》　　　　　　　　　凱特‧道格拉斯‧威金

《潘娜洛普在愛爾蘭的經歷》　　　　　　凱特‧道格拉斯‧威金

《塞拉斯‧拉帕姆的發跡》　　　　　　　豪威爾斯

《在印度的一個夏天》　　　　　　　　　豪威爾斯

《英文詩代表作（英美作家）》　　　　　亨利‧范‧戴克、哈丁‧克雷格

《美國名詩選集》　　　　　　　　　　　斯特德曼

《維多利亞時代名詩選集》　　　　　　　斯特德曼

男孩：

《賓虛》　　　　　　　　　　　　　　　盧‧華萊士

《羅布‧羅伊》　　　　　　　　　　　　華特‧司各特爵士

《艾凡赫》　　　　　　　　　　　　　　華特‧司各特爵士

《彌德洛西恩的心》　　　　　　　　　　華特‧司各特爵士

《亞伯特》　　　　　　　　　　　　　　華特‧司各特爵士

《肯納爾沃思堡》　　　　　　　　　　　華特‧司各特爵士

《見聞劄記》　　　　　　　　　　　　　華盛頓‧歐文

《早餐桌上的獨裁者》	霍姆斯
《代表人物》	愛默生
費尼莫爾‧庫柏的小說	
《金》	吉卜林
《勇敢的上尉》	吉卜林
《傑克‧哈扎德》	約翰‧湯森德‧特羅布里奇
《綁架》	史蒂文森
《杜里世家》	史蒂文森
《大衛‧鮑爾弗》	史蒂文森
《亨利‧埃斯蒙德》	薩克雷
《維吉尼亞人》	薩克雷
《紐克姆一家》	薩克雷
《彭登尼斯》	薩克雷
《大衛‧科波菲爾》	狄更斯
《尼古拉‧尼克萊比》	狄更斯
《馬丁‧朱述爾維特》	狄更斯
《雙城記》	狄更斯
法蘭西斯‧派克曼的歷史書籍	
《偉大作家系列傳記》	
《美國政治家系列傳記》	
《美國學者謝列傳記》	
《三劍客》	大仲馬
《黑鬱金香》	大仲馬
《野性的呼喚》	傑克‧倫敦

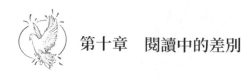

《患難與忠誠》	查爾斯·里德
《設身處地》	查爾斯·里德
《失聰人》	埃蒙德·亞伯特
《大山之王》	埃蒙德·亞伯特
《維吉尼亞人》	歐文·威斯特
《英國短篇故事》	約翰·理查·格林
約翰菲斯克的歷史書籍	
《荷蘭共和國的興起》	J·L·莫特利
《一個勇敢的荷蘭少年》	W·E·格里芬
《斐迪南和伊莎貝拉》	普萊斯考特
《勇敢的查爾斯》	J·F·柯克
《佛羅倫斯的締造者》	奧麗芬特夫人
《威尼斯的締造者》	奧麗芬特夫人
《愛丁堡皇室家族》	奧麗芬特夫人
《德國故事》	S·B·高爾德
《挪威故事》	H·H·博伊森
《征戰墨西哥》	普萊斯考特
《中西部的英雄們》	凱薩伍德夫人
《占領》	戴伊
《國家起源》	愛德華·埃德萊斯頓
《美國 1776》	斯庫勒
《西部的勝利》	羅斯福
《凱撒的一生》	弗洛德
《強森的一生》	博斯韋爾

《查爾斯‧詹姆斯‧福克斯的早年生活》　　特里維廉

《麥考利的一生》　　特里維廉

《司各特的一生》　　洛克哈特

《尼爾森的一生》　　索錫

《喬治四世》　　薩克雷

《林肯的一生》　　尼古拉和海

《羅伯特‧愛德華‧李的一生》　　約翰‧埃斯騰‧庫克

威廉‧P‧特倫特合著

《喬治‧華盛頓》　　賀瑞斯‧E‧斯卡德

《魯道夫‧瓦爾多‧愛默生》　　霍姆斯

《奧利弗‧克倫威爾》　　約翰‧莫利

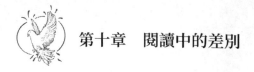

第十章　閱讀中的差別

第十一章
讀書，雄心的策動力

　　有些書籍已經激發了人們的理想並且很大程度上影響了整個國家。閱讀之中所蘊含的最偉大的意義就是進行自我發現。有鼓舞力的、影響性格形成的、影響人生成長的書籍對於進行自我發現這個目標都是有幫助的。

閱讀之中所蘊含的最偉大的意義就是進行自我發現。有鼓舞力的、影響性格形成的、影響人生成長的書籍對於進行自我發現這個目標都是有幫助的。

有些書籍已經激發了人們的理想並且很大程度上影響了整個國家。當書籍能夠催人奮進、喚醒人們沉睡著的希望，又有誰能估量出它們的價值呢？

我們都知道，科頓·馬瑟[34]的《為善散文集》影響了班傑明·富蘭克林的整個職業生涯。

我們是不是都很渴望與那些能激勵我們成就偉業的人來往呢？那麼就讓我們讀一些令人振奮的書籍吧，這些書籍能夠激勵我們充分地發揮自己的潛能。

我們都知道，在我們讀完了一本能夠深深影響自己的書籍後，我們自身會發生多麼徹底的轉變。

數以千計的人們透過閱讀某些書籍發現了真正的自我，這些書籍打開了一扇大門，讓人們第一次瞥見了自己的希望。我認識一些男男女女，因為他們曾經花費大量時間去閱讀優良的書籍，他們的生活已經受到了影響，他們職業生涯的整個趨勢已經徹底改變，被提升到了他們最美好的夢想舞臺上。

康乃爾大學校長曾經說過：「在我們這個國家需要其他人教授的最重要的事情就是真理、簡單的倫理道德、正確與錯誤之間的差別。應該重點強調一下在國家的變遷過程中最優秀的素養是什麼，應該重點強調一下高尚的需求和犧牲，尤其應該強調那些能夠表明偉人不是偉大的雄辯家，或狡猾的政客的東西。他們就是禍根，我們所需要的是品德高尚的人。隨著

34　科頓·馬瑟（Cotton Mather, 1663-1728），美國作家、清教徒牧師。

對那些輕浮妄動的年輕男女的懲罰，隨之產生的是國家的損失，這些青年男女從那些對身心健康有益的書籍中沒有獲得一丁點的道德上的毅力。」

如果年輕人學會了以歷史上的那些偉人的思想為食的話，他們就永遠也不會再滿足於那些普通的或者更低標準的思想，他們永遠也不會再滿足於平凡，他們會去追求一些更高尚、更高雅的東西。

沒有珍藏一些優秀的思想就匆匆流過的一天並沒有得到有效的利用。每一天都是人生這本圖書的一頁。

經典書籍，像手冊《為了每日的需求進行每日的強化》、C·C·埃佛里特教授的圖書《年輕人道德倫理學》、露西·艾略特·基勒的圖書《如果來生我還是女孩》、艾瑪·F·沃克爾博士的圖書《健康透露著美麗》、羅伯特·L·史蒂文森[35]的散文《紳士》（選自他的《人類和圖書的非正式研究》）、斯邁爾斯的《自勵》、約翰·魯斯金（John Ruskin）的《芝麻與百合》，以及根據多年以前由漢密爾頓·萊特·梅彼在《淑女之家》雜誌上所言命名的勵志書籍，《推進前線》這是一本能使年輕人們更加誠信可靠的文學作品，所以馬歇爾·菲爾茲和約翰·沃納梅克（John Wanamaker）在重要商業會議的管理過程中都需要這些書籍的幫助。那些在今後的日子裡能夠有更大的成就的人是那麼幸運，他們開始熟悉那些不知道出生於康科特的哲學家愛默生，並且不知道遠古時代的偉大作者，馬可·奧里略、愛比克泰德（Epictetus）和柏拉圖的讀者會帶著興趣走過來。

---

35 羅伯特·L·史蒂夫森（Robert Louis Stevenson, 1850-1894），蘇格蘭小說家、詩人與旅遊作家，也是英國文學新浪漫主義的代表之一。史蒂文生受到了許多作家的讚美，其中包括歐尼斯特·海明威、約瑟夫·魯德亞德·吉卜林、豪爾赫·路易士·博爾赫斯與弗拉基米爾·納博科夫等知名作家。然而許多現代主義的作家並不認同他，因為史蒂文生是大眾化的，而且他的作品並不符合他們所定義的文學。直到最近，評論家開始審視史蒂文生而且將他的作品放入西方經典中。代表作：《金銀島》、《化身博士》、《黑劍》、《綁架》、《回憶與肖像》、《維琴伯斯·普魯斯克集》等。

奧林帕斯的詩人，

做出了下面這神聖的詩句，

什麼能夠總是發現我們的年輕，

並且總是保持著我們的年輕。

除了閱讀小說以外，遊記對精神上的消遣是非常適宜的，接著要有一些自然研究、科學以及詩歌，所有的這些書籍都提供了對身心健康有益的娛樂消遣，所有的這些書籍都能夠提升人的性格，其中的一些還能打開某些頂級科學研究領域的大門，就像和《自然科學》這本期刊雜誌同等級的那一系列書籍。

很多優美的散文現在都非常流行而且有了真正的詩文特徵的感覺，缺少的只是有韻律的形式。對於詩歌的閱讀和研究就像是人們對於自然景物中的美麗的興趣一樣。熟悉通曉阿佛烈·丁尼生（Alfred Tennyson）、莎士比亞以及其他才華橫溢的英國詩人的作品，其本身就是一種心智修養。羅夫編寫的莎士比亞是縮印本，而這樣編輯的目的就是為了方便使用。弗朗西斯·特納·帕爾格雷夫（Francis Turner Palgrave）的最優良的歌曲和英文版的抒情詩歌，就是在丁尼生的建議和合作下編輯完成的。他的《孩子們的財富》這首抒情詩非常具有吸引力。愛默生的《巴納薩斯》以及惠蒂埃的《三世紀的歌》都是歷史上非常著名的優良詩集。

從前，對於在家庭中完成大學教育來說沒有什麼切實可行的替代品能夠價格這樣低廉、這樣容易獲得、這樣充滿魅力。各種不同類別的知識以最具有吸引力、最引人關心的方式擺在我們的面前。現如今，在成千上萬的美國家庭中能夠發現世界文學最上乘的那一部分作品，而在五十年前這些作品只能屬於那些富有的人。

在這樣的條件下要是哪個美國人竟然愚昧無知地長大成人，在這樣不

可思議的提升自我的機會面前還未接受教育的話，這是件多麼恥辱的事情啊！確實，現如今各個領域內的大多數優良讀物都是以期刊、短文的形式出現的。許多偉大的作家將大部分的時間浪費在旅行和調查這種苦差事上，浪費在為文章收集素材上，而且雜誌出版商為了讓讀者能夠花上十美分或者十五美分就能獲得的書籍往往要花費數千美元。這樣讀者從期刊雜誌和書籍中所獲得的就是毫無價值的文學作品，這便是我們那些偉大的作家們長年累月地艱苦工作和調查的結果。

紐約有一位百萬富翁，他是一位商業巨頭，讓我去接管他位於第五大街的豪宅，每個房間都稱得上是建築師和裝潢師的傑作，都堪稱是室內裝潢藝術的典範。我被告知單單一間臥室的裝潢費用就已經達到了近萬美元。牆上油畫價格驚人，房屋四周都是代表著財富的笨重而又昂貴的家具，還有帳簾帷幔，而地板上覆蓋著的地毯看上去幾乎不能貿然地去踩踏。他花費了這樣一大筆費用僅僅是為了得到物質上的樂趣、安逸、奢華以及炫耀，但是在這間房子裡幾乎沒有一本圖書。過度地考慮物質方面以及類似的家庭中的孩子們精神上的匱乏是件多麼可悲的事情啊。他跟我說在他來到這個城市的時候他只是一個貧窮的小男孩，他所擁有的全部家當都包在一個紅色的手帕裡。他說：「我現在是百萬富翁了，但是我想告訴你我願意為了接受正規的教育付出我一半的家當。」

許多有錢人都向那些值得信賴的朋友以及自己的心靈承認過，他會捐獻出自己一半的財富，如果必要的話，會傾其所有。為的就是看見自己的孩子，一個具有男子漢氣概的人，能夠避免那種由優裕的生活造成並且得到鼓勵的習慣，直到他們到達了罪惡和墮落的頂點，甚至可以說一種犯罪，而且他們已經了解到了在自己所有充足的供給當中，他們沒有提供那種可以將兒子和自己從失敗和折磨之中拯救出來的東西家中的圖書。

第十一章　讀書，雄心的策動力

　　有這樣一種財富，即使這個國家最貧窮的機械工人和日工都能觸手可及，但古時的皇帝都不曾擁有，那便是博學、有教養的思想帶來的財富。在當今報紙橫行的時代，在當今這種充斥了廉價圖書和期刊雜誌的時代，對於愚昧無知、粗魯、未經教化的思想來說是沒有任何藉口的。在今天如果每個人都擁有健康並且充分地利用了自己的天賦，那麼每個人都不會有這種程度的缺陷：他們本身不能擁有那種能使其他人的生活變得豐富多彩並且使他們加入那些最有教養的人中間去並與他們進行交談的財富。只要人們能夠一直拓寬自己的思想，不斷鼓舞並且提升自己，將自己從愚昧野蠻的生存狀態中拯救出來，投入知識的神聖殿堂中去，就不會有人貧窮。

　　瑪麗・沃思利・蒙塔古[36]說過，「沒有哪種娛樂消遣能夠像讀書這樣價格低廉」。「也不會有任何一種樂趣像讀書這樣持久。」優良的讀物可以提升人的氣質，淨化人的品味追求，將注意力從低俗的樂趣中擺脫出來，並且能夠將我們提升到更高的思考和生活的層面上。

　　約翰・盧伯克[37]說過：「英國人花費在閱讀圖書上的大部分時間來自於他們從在監獄和警察局的時間中節省出來的。」即使是家庭貧窮的孩子都能順暢地與歷史上所有偉大的哲學家、科學家、政客、勇士、作家溝通交談，卻只需要微不足道的開銷，因而居住在土階茅舍裡的人們也可以緊緊追隨各個國家的基石前進，跟隨歷史的各個時期行走，效仿自由權利的奮鬥，追求世間的浪漫愛情故事，以及追尋人類發展進步的進程。

　　卡萊爾說過大量的圖書收藏就是一所大學。有成千上萬雄心勃勃、精力充沛的人在自己的學生時代錯過了接受教育的機會，並因此感到舉步維艱，他們沒有抓住這個問題的重點，沒有了解到這種偉大的生活添加劑逐

36　瑪麗・沃思利・蒙塔古（Mary Wortley Montagu, 1689-1762），英國貴族、詩人、信件編輯作家。
37　約翰・盧伯克（Sir John Lubbock, 1834-1913），英國銀行家、政治家、慈善家、科學家。

漸累積起來的巨大潛能，沒有了解到那些可以完美替代大學教育的書籍。

你曾經去過那種接受過良好的教育、目光犀利的雇主那裡尋找工作機會嗎？你不必刻意地去告訴他自己讀過的書籍的名字，因為他們已經根據你的臉孔和言談留下了不可磨滅的印象。你那緊縮的、匱乏的詞彙量、缺乏文雅、多俚語的表達方式，都會告訴他你將自己的寶貴時間浪費在了那些毫無價值的東西上。他知道你並沒有合理地組織自己的時間。他知道成千上萬的男男女女為了進行系統的、對人有益的閱讀，想方設法尋找時間用於緊跟世界的脈搏，儘管他們的生活中充斥著日常工作和職責。

切爾西區的聖人（為英國 19 世紀作家湯瑪斯·卡萊爾之別稱）曾經說過：「在塵世間人們所能從事或者完成的事情之中，最重要、最驚人並且最有價值的便是那些我們稱之為書籍的東西！那些破舊的用黑色墨水書寫在布漿紙上的東西，從日常的報紙到神聖的希伯來圖書，他們還有什麼沒完成，他們還有什麼不能從事？」

康乃爾大學的校長舒爾曼驕傲地指著康乃爾大學圖書館裡面的書籍，他說這些書籍是當他還是一個窮孩子的時候透過節省每日的飯食費而購買得來的。

德國著名的教授奧坎並不以宴請阿加西教授與他共進馬鈴薯蘸鹽為恥，因為他可以省下錢來購買圖書。

喬治三世君王過去常說法學家並不比從事其他職業的人們了解更多的法律知識，而是他們更加清楚地知道從哪裡可以發現那些法律知識。

如何根據任何一點所給出的提示尋找到蘊藏在書籍中的財富這門實用而有效的學問，即使是從經濟學角度上來說也是價值不菲。根據這門學問，每個人都是首先認識書籍，而後才是與之交朋友。

詹姆斯·費里曼·克拉克（James Freeman Clarke）說：「每當我想到

書籍曾經為這個世界做出了怎樣的貢獻，以及正在做出怎樣的貢獻，書籍如何維持我們的希望，喚醒新的勇氣和信仰，撫平傷痛，給予那些家境貧寒的人以生活的希望，聯合起遠古時期和異域大陸，創造充滿魅力的新世界，將真理從天堂帶到人間之時，我就會為書籍賦予我們的這些厚禮致以無限的讚許。」

　　哈佛大學校長艾略特為圖書館選擇了一些書籍，這些書籍現在可能擺放在五腳書架上，艾略特校長選擇這些書籍時堅信「翔實並且細心慎重地閱讀這些圖書將會給任何一個人帶來心智教育，即使人們每天只能專心閱讀十五分鐘」。截至目前所選擇的書籍是：

《班傑明‧富蘭克林自傳》

《喬治‧沃爾曼日記》

《孤獨的果實（痛思錄）》　　　　　　　威廉‧佩恩

《柏拉圖對話錄》（班傑明‧喬依特譯）　柏拉圖

《愛比克泰德金言錄》（H‧克勞斯利譯）

《馬庫思‧奧勒留沉思錄》（J‧S‧朗譯）

法蘭西斯‧培根論說文集

《新亞特蘭提斯》　　　　　　　　　　　法蘭西斯‧培根

《論出版自由》　　　　　　　　　　　　約翰‧米爾頓

《論教育》　　　　　　　　　　　　　　約翰‧米爾頓

《虔誠的醫生》　　　　　　　　　　　　湯瑪斯‧布朗

約翰‧米爾頓英文詩全集

《愛默生文集》　　　　　　　　　　　　拉爾夫‧瓦爾多‧愛默生

《伯恩斯詩歌集》

聖奧古斯丁的《懺悔錄》

《效法基督》　　　　　　　　　　　　湯瑪斯·厄·肯培

《希臘戲劇》　　　　　　　　　　　　埃斯庫羅斯、索福克勒斯

　　　　　　　　　　　　　　　　　　尤里皮德斯、阿里斯托芬著

《西塞羅書信集》

《西塞羅論友誼及論老年》

《小普林尼書信集》（F·C·T·Bosanquet 修訂）

《國富論》（哈佛大學 J·C·布洛克教授編輯）　　亞當·史密

《物種起源》　　　　　　　　　　　　查理斯·達爾文

《希臘羅馬名人傳》（根據德賴登翻譯版本，亞瑟·休·克拉夫修訂）

　　　　　　　　　　　　　　　　　　普魯塔克

《伊尼亞德》（約翰·德賴登譯）　　　　維吉爾

《唐吉訶德》（湯瑪斯·謝爾敦譯）　　　塞凡提斯

《天路歷程》　　　　　　　　　　　　班揚

《多恩和赫伯特生平》　　　　　　　　以撒·沃爾頓

《天方夜譚》　　　　　　　　　　　　斯坦利·萊恩·普爾譯

民間故事和寓言：

《伊索寓言》，82 篇

《格林童話》，41 篇

《安徒生童話》，20 篇

現代英國戲劇：

《一切為了愛情》　　　　　　　　　　約翰·德萊頓

《造謠學校》　　　　　　　　　　　　謝立丹

《委曲求全》　　　　　　　　　　　　奧利弗·戈德史密斯

《欽契》　　　　　　　　　　　　　　珀西·比希·雪萊

《標牌上的汙點》　　　　　　　　　　羅伯特·白朗寧

《曼弗雷德》　　　　　　　　　　　　拜倫侯爵

《浮士德》（安娜·斯旺尼克譯）　　　歌德

《赫曼和多羅西亞》（埃倫·弗羅辛厄姆譯）　歌德

《埃格蒙特》（安娜·斯旺尼克譯）　　歌德

《浮士德醫生》　　　　　　　　　　　克里斯多夫·馬婁

《神曲》（加里譯）　　　　　　　　　但丁

《約婚夫婦》　　　　　　　　　　　　亞歷山大·羅曼佐尼

《荷馬史詩》　　　　　　　　　　　　（布徹和朗譯）

《兩年水手生涯》　　　　　　　　　　理查·亨利·達納

《關於興趣愛好的探究》　　　　　　　艾德蒙·伯克

《論崇高與美麗概念起源的哲學探究》　艾德蒙·伯克

《對法國大革命的反思》　　　　　　　艾德蒙·伯克

《寫給高尚的君主的一封信》　　　　　艾德蒙·伯克

《自由論》　　　　　　　　　　　　　約翰·斯圖爾特·密爾

《約翰·密爾自傳》　　　　　　　　　約翰·斯圖爾特·密爾

《愛丁堡大學榮譽校長就職演說》　　　湯瑪斯·卡萊爾

《司各特散文》　　　　　　　　　　　湯瑪斯·卡萊爾

《特徵》　　　　　　　　　　　　　　湯瑪斯·卡萊爾

歐洲大陸戲劇：

卡爾德隆　萊辛

拉辛

高乃依　　莫里哀

英國名家隨筆：

亞伯拉罕・考利　　　　　　　理查・斯蒂爾

約翰・洛克　　　　　　　　　丹尼爾・笛福

喬納森・斯威夫特　　　　　　威廉・哈茲利特

撒母耳・喬納森　　　　　　　柯勒・律治

西德尼・史密斯　　　　　　　李希・亨特

查爾斯・拉姆　　　　　　　　大衛・休謨

湯瑪斯・德昆西　　　　　　　珀西・比希・雪萊

約瑟夫・愛迪生　　　　　　　湯瑪斯・巴賓頓・麥考利

英美散文隨筆作家：

卡迪納爾・紐曼　　　　　　　狄恩・斯威夫特

約翰・魯斯金　　　　　　　　馬修・阿諾德

詹姆斯・安東尼・弗勞德　　　華特・白芝皓

愛德華・奧古斯都・費里曼　　湯瑪斯・亨利・赫胥黎

愛德格・愛倫・坡　　　　　　羅伯特・路易士・史蒂文森

詹姆斯・拉塞爾・洛威爾　　　亨利・大衛・梭羅

威廉・梅克皮斯・薩克雷　　　查爾斯・達爾文

《科學論文集》（化學、物理學、天文學）

法拉第　　　　　　　　　　　赫姆霍爾茲

洛德・克耳文　　　　　　　　紐科姆

文學和哲學名家隨筆：法國、德國、義大利卷

蒙田	馬志尼
勒南	聖佩甫
席勒	拉辛
格林	歌德
康德	

古代和伊莉莎白時期著名航海與旅行記：

希羅多德	漢弗雷希爾·吉伯特爵士
法蘭西斯·德雷克爵士	柯洛納多
華特·雷利爵士	約翰·史密斯上校
笛卡爾	伏爾泰，等等

科學論文集：

生物學、醫學等。包括約翰·李斯特爵士、安布魯瓦茲·巴雷爵士的文章。

著名之前言與序言：

卡克斯頓	斯賓塞
萊利	克耳文
約翰·諾克斯	培根
赫明和康德爾	費爾丁
席勒	魏特曼
伯納斯	牛頓

德賴登	強森
泰恩	沃茲沃斯

美國歷史文件：

《卡博特遊記》	《哥倫布的書信》
《維吉尼亞特許狀》	《五月花公約》
《康沃利斯投降書》	《華盛頓首次就任演講稿》
《林肯首次就職演講稿》	《門羅主義》
《林肯第二任期就職演講稿》	《歷代志》
《國家史詩》	馬基雅弗利、摩爾
	以及其他人物的著作
《非常宗教和讚美詩》	伊莉莎白時期戲劇

美國前總統希歐多爾・羅斯福為他自己著名的非洲之行選擇了下列書籍：

《聖經》新約外傳	
《莎士比亞》	
《仙後》	斯賓塞
《馬婁》	
《海軍強國》	馬漢
歷史、散文、詩歌	麥考利
《伊利亞特》、《奧德賽》	荷馬
《羅蘭之歌》	
《尼伯龍根之歌》	

《腓特烈大帝》　　　　　　　　　　卡萊爾

《詩歌》　　　　　　　　　　　　　雪萊

《散文》　　　　　　　　　　　　　培根

《文學散文》、《比格羅詩稿》　　　洛維

《詩歌》　　　　　　　　　　　　　愛默生

《朗費羅》

《丁尼生》

《愛倫・坡故事及詩選》

《濟慈》

《失樂園》（上、下冊）　　　　　　米爾頓

《神曲》（加里譯）　　　　　　　　但丁

《早餐桌上的獨裁者》、《杯桌之上》　霍姆斯

《詩歌》、《阿爾戈英雄傳》　　　　布萊特・哈特

《咆哮營的幸運兒》

《白朗寧精選集》

《紳士閱讀者》　　　　　撒母耳・麥克喬德・克羅色爾斯

《哈克貝利・費恩歷險記》　　　　　馬克・吐溫

《天路歷程》　　　　　　　　　　　班揚

《希波呂托斯》、《醉酒的女人》（默里譯）　歐里庇得斯

《蒙特羅斯的傳說》　　　　　　　　司各特

《威佛利》　　　　　　　　　　　　司各特

《古董家》　　　　　　　　　　　　司各特

《舵手》　　　　　　　　　　　　　庫柏

《兩位海軍上將傅華薩》　　　　　　庫柏

《珀西的遺物》	庫柏
《名利場》、《彭登尼斯》	薩克雷
《我們共同的朋友》、《匹克威克外傳》	狄更斯

羅斯福上校說過：「這張清單一部分代表了克米特的興趣，一部分代表了我的愛好；而且，我幾乎都不用說明，這張清單絕對不能代表我們喜歡的全部書籍，而僅僅是那些，不管出於什麼原因，我們認為自己應該喜歡在這種奇特的旅程中攜帶的。」

本書作者期望，上面所列書單儘管有限，但是對於那些探索自我教育的人可能會有些價值，期望這些書籍可以鼓勵那些心灰意冷的人們，重新激起他們的雄心壯志，成為他們人生中通往更崇高理想和目標的階梯。

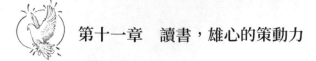

第十一章　讀書，雄心的策動力

第十二章
自我提升的習慣，一筆重要的財富

正確地將閒置時間用在閱讀和學習上是一種優秀素養的象徵。自我提升必須包含一種基本的想法：對於改善充滿了渴望。一個人擁有了進行自我完善和進步的安排部署，那麼他就會尋找到發跡上進的機遇。

教育，就像通常人們理解的那樣，是借助於書籍和老師這兩條途徑提升自己思想的過程。當教育被忽視了的時候，要麼是由於缺少接受教育的機會，要麼是因為沒有有效利用所提供的那些機會，因此僅存的希望就是自我提升。供自我提升的機遇縈繞在我們周圍，對於自我改善能達到幫助作用的事物也非常地多，而且在當今這種有著廉價的圖書、免費的圖書館，以及夜校的時代，對於忽視了使用這些有助於智力成長和發展的設施沒有任何合理的藉口。

當我們看著在五十至一百年前阻礙我們獲取知識的困難的時候，書籍的嚴重匱乏和價格的高昂，只能利用模糊昏暗的燭光讀書，沒有間斷地辛勤工作幾乎沒有為學習留下一丁點時間，必須戰勝身體疲倦才能投入精力去學習，我們會對在艱苦歲月裡成長起來的學術巨匠由衷地感嘆。當我們再看看當時教育的缺乏、學者們身體虛弱、失明、殘疾、飢餓並清苦，回頭反思一下現在提供給我們的豐富機會和自我提升的條件，然而對於這些東西我們未能加以利用，著實會讓我們感到羞恥萬分。

自我提升必須包含一種基本的想法：對於改善充滿了渴望。如果這種渴望存在，那麼提升往往只會透過戰勝自我來實現，戰勝自己尋求娛樂消遣的欲望。小說、撲克遊戲、撞球、無所事事或與人閒談，所有的這些都必須戒掉，而且每一段空閒的時間都應該得到有效的利用。所有試圖進行自我提升的人都會碰見「攔路虎」，自我放縱之虎，只有征服了敵人，自我提升的過程才能得以保證。

讓我看看年輕人是如何度過夜晚、如何打發自己零碎時間的，然後我就能預測他的未來了。他會認為自己的那些娛樂消遣是非常珍貴、充滿希望，就好像是自己的未來藍圖中充滿的寶貴財富一樣嗎？或者說他會認為那是一次自我放縱、一次輕率的體驗「美好時光」的機會嗎？

一個人打發閒暇時間的方式將會決定著他的生活基調，將會證明他是非常真誠地看待生活，還是只把生活當成兒戲。雖然他可能還沒有意識到這種可怕的影響、這種由於隨意消磨夜晚和假日時間而使自己變得頹廢、墮落的影響，但是他還是在走向墮落。

有些年輕人經常會很驚訝地發現自己遠遠落後於其競爭者，但是如果他們仔細地審視一下自己，他們就會發現自己已經停止了成長，因為他們已經停止了為保持自己跟得上時代的步伐、為廣泛地閱讀、為了用自我修養來豐富自己的人生而做出任何的努力。

正確地將閒置時間用在閱讀和學習上是一種優秀素養的象徵。在許多歷史上很著名的事例中用在學習上的「閒暇」時間其實並不是從空閒安逸的時間中節省出來的閒暇。他們更像是從睡眠中、一日三餐中、娛樂消遣中節省出來的片刻時間。

伊萊休·伯里特[38]從十六歲開始，就跟著一位鐵匠當學徒，在鐵匠鋪裡他白天整天地工作在煉爐前，而且有時晚上也要頂著燭光工作，在當今時代，還有哪個男孩能夠比他更缺少機會？然而他成功了，他在吃飯的時候將書籍擺放在自己的面前用來學習，並且將書籍放在口袋中，那樣他就可以利用每一個閒暇的時間來學習，而且他的每一個夜晚和假日都用在了學習上，在那些大多數男孩都會浪費掉的零碎的時間裡他接受到了優良的教育。當富裕家庭的孩子和那些懶惰的孩子還在打哈欠、伸懶腰、揉眼睛的時候，年輕的伯里特卻在抓住機遇進行自我提升。

他對知識充滿了渴望，渴望進行自我改善，這種渴望幫助他克服了人生路途中的每一個障礙。一位富有的紳士願意支付他去哈佛大學的所有開銷，但是伊萊休說他可以獨立完成教育，儘管他每天不得不在煉爐前工作

---

38 伊萊休·伯里特（Elihu Burritt, 1810-1879），美國外交家、慈善家和社會活動家。

十二到十四個小時。這是一個性格果斷的男孩。他抓住了在鐵砧和煉爐前的每一個機會，將其視作是一筆寶貴的財富。他和格萊斯頓都深信，節省出來的時間會在數年之後連本帶利地還給他，而浪費時間將會使他墮落、頹廢。想想一個孩子整天在鐵匠鋪裡，還能找到時間在一年之內學會七種語言，這是多麼不可思議啊！

將一個人拖垮的並不是缺乏能力，而是缺少勤奮。在許多例子中，雇員比雇主有著更加優秀的頭腦、更加優秀的智力才能，卻沒有改善自己的能力。透過各種不良嗜好將自己的思想變得越來越空虛。將時間和金錢浪費在撞球桌前，浪費在沙龍酒吧裡，隨著逐漸老去，無休止的工作會將他激怒，他會抱怨說自己缺少運氣或者抱怨自己懷才不遇。

有很多終身雇員正被這樣一些人源源不斷地招募進來，他們認為就算是男孩們習得一手好字或者掌握了一些商業貿易工作中必須的一些基本知識，也是毫無價值。對於那些在工廠、商店以及辦公室工作的年輕人來說，愚昧無知是普遍存在的，事實上，在這片年輕人應該接受良好教育的充滿機遇的土地上，這種愚昧無知是非常可憐而又可笑的。在各行各業裡，我們都會看到一些天賦異稟的人們擔任著一些低下的職位，因為他們在年輕的時候，不夠重視那些能使他們成為出色之人的知識增長。

數以千計的男女發現自己之所以受到了抑制，為生活所累，是因為他們忽視了那些在年輕的時候認為不值得去關心的、表面上微不足道的小事。

許多天生麗質的女孩，將她們最為豐富多彩的歲月浪費在一個平平庸庸的職位上，因為她們從來沒有想過開發自己的腦力、才能或者利用那些觸手可及的機會讓自己去勝任更高等級的職位是件多麼有意義的事情。很多女孩會出人意料地拾起自己的智謀才略，由於在年輕時所忽略的那些苦

差事使得她們一生備受壓抑，這種艱苦的工作曾幾何時由於一句無心的「我認為它沒什麼價值」而慘遭拋棄。她們並不認為，求學時追根究柢、學會如何精確地管理帳目，或者學會為了生存而委曲求全，這些對自己會有什麼幫助。她們渴望結婚，但卻從未準備過要依靠自己，多數情況下，這種婚姻沒有保障。

多數年輕人的問題是他們不願意將自身的全部砝碼都投入到職業中。他們想要的是時間短、任務少的工作，還要有很多的娛樂消遣。與他們自己重要的人生專長方面的修養和訓練相比他們思考的更多的是安逸和享樂。

許多小職員會羨慕他們的老闆並且希望自己也能進入商業界做生意，也成為老闆，但是他們認為這裡有太多的工作需要努力奮鬥，因而終將不能超過職員這個職位。他們喜歡過著輕鬆的生活，然而他們竟懶惰地想要知道為了職位得到一點點的提升、賺更多一點點的金錢就去努力奮鬥並且試著讓自己去為這些目標而準備是否有價值。

困擾許多人的問題是他們不願意為了將來的收益而做出眼前的犧牲。他們寧願像現在這樣的繼續開心下去，也不願花費一丁點時間去進行自我改善。他們大體上都有著成就一番偉業的希望，但是很少有人有著那種強迫自己為了未來現在做出犧牲的強烈渴望。很少有人願意為自己未來藍圖的奠基祕密地工作多年。他們渴望著偉大，但是他們所憧憬的並不是願意為實現這個目標去付出任何代價或者做出任何犧牲。

所以大多數人在自己的一生中就沿著平凡人的軌跡一直滑落下去。他們有著成就更高偉業的能力，卻沒有為了它而去奮鬥的精力和決心。他們不喜歡去做那些必要的努力。他們寧願讓生活輕鬆點，水準降低點，也不願去為了一些更高尚的事業去奮鬥。他們不會因為某件事值得一試就放手去做。

　　某個人只要擁有了進行自我改善和進步的安排部署，那麼他就會尋找到發跡上進的機遇，或「他們所不能發現、創造的」。下面這個例子來源於我們日常生活中感同身受的故事。

　　有一個年輕的愛爾蘭人，在他二十歲左右的時候，還沒有學習閱讀和書寫，並且由於當地十分盛行的過度飲酒而離家出走，他透過學習公告牌進而能夠閱讀一些東西，最後在軍艦上獲得了一份艦員的工作。他選擇那份職業，而後由於強烈地渴望學習就開始輔佐船長。他將一個小信箋簿放在自己外套的口袋中，無論什麼時候只要他聽到了一些新鮮的詞彙就會將其記錄下來。有一天，一個高級船員看見他在寫東西，就馬上懷疑他是一個間諜。當他和其他的高級船員知道了信箋簿是做何用途的時候，這個年輕人就有了更多的學習機會，並且也如期地得到了提升，最後，他在海軍部隊裡獲得了一個顯赫的職位。一個海軍軍官另闢蹊徑地走上了成功之路。

　　自立成就了世界上所有的偉業。有很多年輕人躊躇猶豫、無精打采、拖延自己的決心，因為他們沒有用以起步的資本，然後就等啊等，希望好運氣能給他們帶來提升！但是成功是刻苦工作和堅韌不屈的毅力相結合的產物。它是不可能被誘騙或者被行賄的，付出相對的代價之後，成功就是你的了。

　　忽視自我提升的機會，其悲哀之一就是一些天賦異稟的人被置於那些比他們心智低下的人之中，這對成長是極其不利的。

　　我認識一位我們州的立法委員，一個傑出的年輕人，非常受歡迎，他心胸寬廣、富有同情心，但是他一張嘴說話就是那樣邋遢的英語，聽他說話真是非常痛苦。

　　在華盛頓還有很多非常相似的例子，某些因自身出色的天賦和性格被推選到重要職位的人，卻一直由於忽視並且缺少了早期的鍛鍊而經常蒙受

羞辱、處境窘迫。

最讓人們感到羞恥的一種經歷就是，知道自己擁有非凡的能力，卻由於缺乏早期與自己能力相當的智力鍛鍊而被局限在較低的職位上。眾所周知，一個人擁有了了解自己百分之八九十潛能的能力，但是由於缺少適當的教育和訓練，卻沒有向外提供超過百分之二十五，這是件多麼讓人感到羞辱的事情啊。

換句話說，經過生活的洗禮，你已經意識到了自己笨手笨腳地把自己的才能本領破壞掉，完全是因為缺少培養鍛鍊，這是最令人沮喪、最令人痛心的事情了。

與沒有為從事人生中最高尚的職業的希望變成現實，而去做準備所帶來的遺憾相比，沒有什麼其他罪惡之外的東西能夠引起更多的哀傷惋惜。與那些由於不得不放棄機遇所產生的結果相比，不會再有什麼更加痛苦的遺憾了，而從來也不會有人為這樣的機會而去做準備。

我聽說了一個可憐而又可笑的例子，有一位天生的博物學家，小的時候他的遠大志向受到極度的壓抑，他的教育被嚴重忽視，以至於後來當他了解到自己的博物學知識以及自然歷史知識幾乎比其同時代任何一個人都多的時候，他卻不能用合乎語法規則的句子將其書寫出來，也從來不能透過文字賦予自己的思想以生命，不能使其永存於書本之中，這完全是由於對教育的基礎知識的忽視所造成的。他早年的詞彙量極其匱乏，而且他的語言知識也十分有限，因而他總是十分痛苦地為那些能夠表達自己思想的詞語而掙扎著。

想一想這個優秀傑出的男人的痛苦遭遇吧，雖然他已經意識到了掌握淵博的科學知識的重要性，但是卻完全不能合乎語法規律地表達出自己的想法！

速記員時不時地就會因為使用一些不熟悉的單字、術語或引語而蒙受屈辱，因為他們的準備工作做得那麼淺薄！當收到普通信件的時候，僅僅能夠記錄別人的口述內容是遠遠不夠的，做些常規的辦公室工作是遠遠不夠的。有遠大抱負的速記員一定會對那些不常見的單字和表達方式有所準備，一定會有良好的知識儲備用來在緊急情況下脫身。如果他經常在語法上面犯錯誤，或者當超出了自己日常工作範圍的時候就一臉茫然，他的老闆就會知道他的準備工作做得並不足，並且他的水準有限，因而他的前途也是有限制的。

一位年輕的女士給我寫了一封信，說她由於缺少了早期的教育遇到了很多障礙，因而她相當害怕給任何受過教育或文化培養的人寫信，她害怕在語法和拼寫上犯幼稚的錯誤。她的信件表明她有著不可忽視的天賦，然而因為缺少早期教育總是處於不利地位。與因為忽視了早期教育而使自己總是感到窘迫和吃虧相比，想不出有什麼更大的災難了。

我經常會因為一些來信而感到痛心，尤其是那些年輕人的信，那些信件表明寫信人都非常有天賦，他們都有著非常傑出優秀的思想，但是他們的能力大部分都被掩蓋了起來，經常由於缺少教育而導致那些能力毫無效力。

許多信件都說明了寫信人就像是未經雕琢過的鑽石，只要隨處打磨幾下，讓光線進入其中，那麼便可以展現出其中蘊藏的巨大財富。

我總是為這樣一些人感到惋惜，他們已經度過了自己的校園時光而且很有可能在他們生活的經歷之中，他們傑出優秀的思想會由於愚昧無知而遭遇挫折，這種愚昧即使在晚年生活中，也是可以克服掉大部分甚至是完全克服。

舉個例子，有一個年輕人，他有著能使自己成為領袖的天賦，但是由於缺乏培養鍛鍊和準備，他就一定會去為其他人工作，也許他一半的天賦

都還沒使用，他所需要的是更充分的準備和更多的教育機會，這是讓人感到多麼惋惜的事情啊。

無論我們在哪裡看到職員、機械工人、老闆、各行各業的人，他們都不能爬升到與自己的天賦相一致的職位上。因為他們還沒有接受教育，他們很愚昧，他們甚至不能寫出有才華的書信，他們糟蹋了英語，因此自身極其優秀的能力不能得到展示，他們仍然是平庸之輩。

按才受任的比喻說明並且強調了一條最嚴格的自然法則：「凡有的，還要加給他，讓他有餘；沒有的，連他所有的也要奪過來。（出自《聖經》）」科學家將這條法則稱為適者生存。適者就是指那些利用所擁有的東西透過努力奮鬥增強自身力量，透過對周圍有害的或者有幫助的環境的控制，依靠自我發展生存下來的人。

土壤、陽光、空氣為莊稼和樹木的成長提供了大量的必要養分，但是植物一定要用盡它所獲取的所有養分，一定要轉化進花朵、果實、葉子或者纖維之中，否則這種供給就會停止。換句話說，只有用於植物的成長，土地才會提供營養物質。養分用得越快，成長也就越快，進而更多的養分就會隨之而來。

相同的法則在任何地方都適用。如果我們利用了大自然所賜予我們的，它對我們就會非常慷慨大方，但是如果我們停止使用它所賜予的，如果我們沒在某個地方利用它建造些什麼，如果我們沒有將大自然賦予的物質轉化成力量以及運用這種力量，我們不但會發現這種供給會被切斷，而且我們會變得更加脆弱、效率低下。

自然界的萬物都是運動的，無論是朝什麼方向。要麼上漲要麼下降，要麼前進要麼後退，我們不可能在不使用的情況下還將其牢牢抓住。

如果我們不使用肌肉或者頭腦，大自然就會將其收回。從我們停止了

有效地使用它的那一刻，大自然就會收回那些本領。在我們停止了鍛鍊的時候，力量就會被收回。

大學畢業生經常會在畢業多年之後驚奇地發現，所有能證明自己受過的教育的東西僅僅是學位證書。

人們在大學裡獲得的本領和能力已經消失殆盡，因為人們一直沒有使用。在考試結束之後，當每一件事在頭腦中印象依然清晰的時候，有人就會這樣想，這些知識仍然屬於他們，但是自從停止使用這些知識的時候起，它們就逐漸地從人們的身上一點點流失了，而且只有那些一直使用的東西得以保留下來並且得到增加，其餘的全都蒸發消失了。

因為沒有使用那些知識，有很多大學生在畢業十年之後會發現，他們幾乎沒有什麼能夠表明他們在大學接受過四年教育的東西。他們已經在毫不知情的情況下成為了軟弱之人。他們不停地對自己說：「我接受過大學教育，我一定有著某些能力，我一定要在這世界上成就一番事業。」但是大學文憑並沒有保證從大學裡獲得的知識的能力，它不過如同是蓋在氣體噴嘴上能夠控制住管內氣體的包裝紙一樣。

每一樣你不使用的東西都會不斷地從你身邊溜走。使用它或者丟棄它。能力的奧妙就在於使用。能力不會一直停留在我們身邊，力量會在我們停止用它來做些什麼事情的時候逐漸消失。自我改善的工具就在你的手中，使用它們吧。如果斧頭鈍化了，那我們就需要使出更大的力氣。如果你的機會受到了限制，那麼你就一定要使用更多的力量，做出更多的努力。起初進度可能看起來會非常慢，但是堅持不懈就一定會取得成功。

「令上加令，律上加律。」是智力構建的基本準則，而且「如果汝等不放棄，在適當的時候汝等終將會收穫果實。」

第十三章
價值的提升

　　能夠將自己的「生命之棍」提升到怎樣的高度完全依賴於自己。能否青雲直上在很大程度上取決於自己的理想，取決於成就一番事業的決心，取決於你對於即將遭受打擊以及為了獲得適宜的韌度而從烈火中投入冰冷刺骨的涼水中的忍耐。

第十三章　價值的提升

愛默生說：「現在這個世界，工人們手中拿的不再是泥土而是鋼鐵，並且人們已經透過堅固穩定的錘打為自己找到了安身之所。」

「充分利用你的『原料』使其成為布料、鋼鐵或者個性這就是成功。將一些普通原料提升為無價之寶，這就是巨大的成功。」

第一位將可鍛造的鑄鐵製成坯鋼筋的可能是位鐵匠，鐵匠只是在一定程度上學習了如何經營自己的生意，並且他們沒有從事更加高尚的職業的志向。他們認為自己拿著鐵棍最可能做的事情就是將其釘入馬蹄，然後恭喜自己所獲得的成功。他們自己得出這樣的結論：鐵渣一磅只值兩到三便士，並且不值得花費太多時間或者太多的體力在那上面。鐵匠強大的肌肉力量以及些許的技巧或許已經將鋼鐵的價值從一美元提升到了十美元。

接著是一位磨刀匠，受過一點點優秀的教育，稍微遠大一點的抱負，更加優秀的理解能力，他對鐵匠說：「這就是你從鑄鐵中看到的全部嗎？給我一根鋼條，然後我讓你看看頭腦和技巧再加上努力的工作能將它變成什麼。」他從粗坯鋼條中看到了更深遠的東西。他學習過淬火和回火的技藝，他使用工具，研磨切割拋光，還有將熔爐退火。鑄鐵在經過熔化、碳化後變成了鋼材，拉伸、鍛造、回火、熔煉成白熱狀態，投入冷水或者冷油之中以提升其硬度，接著十分耐心而又小心地研磨切割拋光。當這項工作完成時，他展示給驚訝的鐵匠的是價值兩千美元的刀刃，這就是在鐵匠的眼中只值十美元的粗糙的馬蹄。由於這個精練的過程其價值已經被極大地提升了。

另一位工匠說道：「如果你不能製造出更優秀的東西，那麼整體來說，鋒利的刀刃還是很不錯的」，磨刀匠向他展示了自己技藝的傑作，「但是你連蘊含在鐵棍之中的東西的一半都沒展現出來，我有一個更為高明、更加合適的用途。我仔細地研究過鋼鐵，並且知道在其中有些什麼，

也知道能用它來做些什麼。」

　　這位工匠有著更加敏感的觸覺、更加優秀的理解能力，受過更加優良的訓練，有著更加崇高的理想，以及高人一等的決心，所有的這些使他能夠看得更加深遠，甚至能看見粗坯鋼條裡面的分子顆粒，超過了馬蹄，超過了鋒利的刀刃，之後便將粗鋼製成了細如亞麻一般的鋼針，靠自己的雙眼以極其細微的精度切割出來。這些幾乎看不見的尖端傑作需要更加精密的過程，技藝等級也要高於磨刀的過程。

　　最後一位工匠將這種技藝視為奇蹟。他將磨刀匠製成的產品的價值增加了數倍，而且他認為自己已經極盡了鑄鐵的所有潛能。

　　但是，有計畫的頭腦、更加敏感的觸覺、更加耐心、更加勤勞、更高的技藝等級、還有更加優秀的訓練，很容易地就會忽略掉馬蹄，鋒利的刀刃，以及鋼針，他用鋼條呈現出的作品是供手錶使用的發條。當其他人只能發現馬蹄、利刃或者鋼針這些價值幾千美元的東西的時候，他那敏銳的雙眼關心的則是價值幾十萬美元的東西。

　　然而一位技藝更加高超的藝術工匠出現了，他告訴我們粗坯鋼條還沒有被發掘到它最高等級的表現形式，他擁有著能在鐵器上表演出更加高明的奇蹟的魔力。對他來說即使是發條看起來都十分粗糙簡陋。他知道未經過加工的鋼材經過一系列的操作和耐心的處理可以製成彈簧，這對於一個沒有接受過冶金學訓練教育的人來說甚至是無法想像的。他知道，如果在將鋼鐵進行回火的時候加倍小心的話，它就不會變硬，變得銳利，而且並不僅僅是一塊鈍態的金屬，而是充滿了新的性質，似乎出現在我們生活的各個角落。

　　帶著敏銳、幾乎是明察秋毫的洞察力，這位藝術工匠深知如何能將製造發條的每一個步驟帶到更遠，並且知道在加工製造的每一個階段如何能

夠達到更加完美的地步，知道如何能使金屬的紋理精練到如此程度，即使是它的一根微絲、一條細紋都堪稱是精妙絕倫的佳品。他將一根鐵棍經過多個精練步驟以及上乘的退火工藝處理，然後揚揚得意地將自己的作品變成了幾乎看不見的細微的燈絲線圈。經過了極端的辛苦與折磨之後，他終將自己的夢想變成了現實，他給那些一文不值的破銅爛鐵賦予了近百萬美元的價值，也許是相同重量的黃金的價值的四十倍。可是還有另外一位工人，他的處理過程幾乎是同樣的精巧細微，但他製作出來的產品即使是那些接受過普通教育的人也很少有人知曉，因此他們的手工藝也很少會被字典和百科全書的編撰者提及，他拿起鐵棍的碎片，然後用如此令人感到驚訝的精細程度、如此微妙靈敏的觸感去挖掘它更大的潛力，以至於發條和燈絲看起來都是那樣地粗糙簡陋，而且一文不值。當他的作品完成時，他向你展示的是一些有著細微的倒刺的工具，牙科醫生經常使用這樣的工具。大體上來說，一磅黃金大約值兩百五十美元，然而一磅這樣纖細的帶有倒鉤的鐵絲，當然如果能收集到那麼多的話，其價值可能會是前者的數百倍。

　　其他一些業內人士可能會使產品更加精緻，那些金屬可能會被再細分直至它的分子可以飄浮在空氣中，但是那些最優秀的老手徹底研究出這種金屬潛能之前尚需時日。

　　這聽起來非常神奇，但是這種魔力是透過鍛造而形成的，它由最為家常的美德的應用產生，它透過對眼睛、雙手、理解力的培養產生；它透過費盡心思的關心照顧、刻苦的工作以及決心和勇氣產生。

　　如果一種僅僅擁有一些粗糙的物質特性的金屬，透過將智慧融入其分子中便可形成價值上這樣驚人的提升，誰還會為人類這樣一種由物理、心理、道德以及精神的力量融合在一起而組成的令人驚奇的複合物發展潛

能？既然在鐵器的形成過程中，可能有將近十二種處理過程，那麼近千種影響可能會對思想和性格產生作用。如果說鐵器是一團毫無生命只能由額外的影響力對其自身起作用的物體的話，那麼人類就是一團由驅動力和抵制力組成的力量集合，透過更加高尚的自我，真實、占支配地位的個性有能力進行控制和指揮。

人類成就的差異僅僅很少一部分是由於原始的物質所造成的。正是人們追尋和展現出來的理想，正是人們所做出的努力，正是人們正在經歷的教育和體驗的過程，熔化，錘擊敲打，最後將生命之棍塑造成它最終光彩奪目的研發成果。

日常生活已經遭遇到了鋼鐵所經歷的那些折磨，而且透過層層考驗，生活終將展現出至高無上的表現形式。對於反抗而遭受的打擊、在希望與苦惱之間的努力掙扎、在經歷了災難和喪失留下的熾熱的痕跡、殘酷的環境的碾壓粉碎、煩惱和焦慮的磋磨、不斷出現的苦難的打磨、能使熱情戰慄發抖的駁斥拒絕、對教育和訓練中長年累月的枯燥乏味工作的厭倦，所有的這些對於想要取得豐功偉業的人來說是必不可少的。

鑄鐵，經過一系列的操作，得以加固、精練、變得更有彈性或者更加穩定，而且更易於使用，這是任何一位工匠所夢想的。如果每一次的打擊都會使它斷裂，如果每一次在爐中的煆燒都會將它燒得精光，如果每一次的滾壓都會將其粉碎，那麼它還會有什麼用途呢？它擁有那種經得起各種敲擊，從每一次的考驗中獲益的特性，並且終將取得勝利。鑄鐵的這些特性基本上都是與生俱來的，但是在我們自己身上，它們很大程度上關係到成長、教育和發展，而所有的這些都受到占統治地位的個人願望的控制。

就像每一位工匠都能從生鐵之中看出一些成型的、精密的產品一樣，我們也一定能從自己的生活之中看見一些輝煌未來的端倪，前提是我們能

夠認得出來。如果我們只能看見馬蹄或者鋒利的刀刃，那麼我們所有的努力和奮鬥永遠都不會製造出發條。我們必須認清自己對於這種偉大目標的適應性；我們必須要想方設法地去努力奮鬥，經受住苦難的折磨和考驗，付出必要的代價，堅信最後的成果必定補償我們所遭受的苦難、折磨以及我們付出的努力。

那些迴避鍛造、滾壓、拉伸的人就是那些失敗之人，「無名小卒」，性格上有缺陷的，犯罪者。就像一根鐵棍一樣，如果暴露在某些元素之中時，就遭到氧化鏽蝕，然後變得毫無價值，如果沒有用持續不斷的努力來改進性格的形式，增強性格的延展性，使其具有韌性或者沒有從某些方面對其進行改善的話，性格同樣也會墮落下去。

想要保持鐵棍的本色很容易，或者說相對容易一些，僅僅需要將一根普普通通的鐵棍加工成馬蹄就可以了，但是想要將你的生活產品提升到更高的價值水準上就很困難了。

我們許多人都認為，與其他人相比，自己與生俱來的天賦過於拙劣而且並不完全；但是，只要我們願意，透過耐心、學習和奮鬥、依靠不斷錘打、拉伸、精練、不停地工作，我們就能夠將製作出的產品從粗陋的馬蹄變成精密的燈絲，透過非凡的耐心和毅力，我們就能夠將那些原始物質的價值提升到難以置信的高度。哥倫布、一位織布工，富蘭克林、技術熟練的印刷匠，伊索、奴隸，荷馬、乞丐，德莫斯鐵尼斯、磨刀匠的兒子，本·傑克森、砌磚工人，塞凡提斯、普通士兵，海頓、貧窮的車輪製造工的兒子，上面提到的這些人都是這樣，挖掘出了自身的能力，直至站在其他人的肩膀上。

有一百個孩子，起初賜予他們的一切幾乎沒有什麼不同，其中一個孩子，他也沒有比其他人更加優秀的改善辦法，也許是用著極其微不足道的

方式，將自己所擁有的全部價值提升了一百倍、五百倍甚至一千倍，其他九十九個孩子還在想為什麼他們的一切還是那樣的粗糙簡陋，並且將自己的失敗歸因於運氣不好。

當一個男孩抱怨自己缺乏機遇，缺乏走進大學接受大學教育的途徑，並且仍處於愚昧無知狀態的時候，另一個僅有著他一半機遇的孩子卻利用其他孩子都浪費掉的瑣碎時間接受了優秀的教育。用同樣的資料，一個人可以建造出宮殿，而另一個人只能建造出小茅屋。用同樣粗糙的大理石板，有的人可以製作出美麗的天使雕像，她可以給每一個目睹她的人帶來歡樂；而有的人則製作出醜惡的怪獸雕像，讓每一個見到它的人不知所措。

你能夠將自己的「生活之棍」提升到怎樣的高度完全取決於你自己。你是否能夠青雲直上直至發條或者燈絲的階段在很大程度上取決於你的理想，取決於你成就一番事業的決心，取決於你對於即將遭受打擊、拉伸，以及為了獲得適宜的韌度而從烈火中投入冰冷刺骨的涼水中的忍耐。

當然，經歷那種能夠製造出精美絕倫的產品的過程需要非常大的毅力，這是非常艱苦的，而且是非常痛苦的，但是你願意一生都一直做一根鐵棍或一個「馬蹄式」的人物嗎？

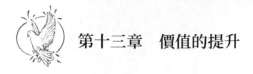

第十三章　價值的提升

第十四章
透過公開講演進行自我提升

　　自我表達往往會召喚出人們內心中蘊藏的，比如足智多謀和豐富的創造力。沒有其他任何一種自我表達的方式比在聽眾面前進行演講時，更能夠如此完整、如此有效地使人成長、如此迅速地釋放出人們全部的力量。

　　一個人是否希望成為公共發言人並不重要，每個人都應該能夠有這樣全面的自我控制能力，都應該這樣地獨立和泰然自若，因而可以立於任何聽眾面前清晰明白地表達自己的思想，不管聽眾的隊伍是多麼地龐大或者多麼地令人生畏。

　　自我表達在某種意義上是唯一一種能夠增強精神力量的方式。它可能存在於音樂之中，可能存在於油畫之中；它可能是透過演講技巧得以展現，也可能是透過出售貨物或者撰寫書籍而得來；但是它一定來自於自我表達。

　　自我表達往往會以任何合法的形式召喚出人們內心中蘊藏的東西，它的智謀、它的創造力；但是沒有其他任何一種自我表達的方式能夠像在大眾面前演講那樣如此完整、如此有效地使人成長，並且如此迅速地釋放出人們全部的力量。

　　對任何一個人來說，在沒有學習任何的表達技巧，尤其是公開的口頭表達的情況下達到文化教養的最高標準是值得懷疑的。歷朝歷代演講術就一直被人們看作是人類成就的最高表現。年輕人，不論他們將來打算從事什麼職業，鐵匠或農夫、商人或醫生，都應該使其成為努力鑽研的對象。

　　沒有什麼任何其他的事物像不斷致力於演講一樣，能夠如此迅速、高效地召喚出人內在的能力。一個人肩負著在大眾的面前獨立地思考以及即興演講的重任時，整個人的能量和技巧都會被置於一場嚴峻的考驗之中。

　　公開講演的練習，即努力去以一種合理並且有說服力的方式去獲取自身的全部影響力，努力使得人們所擁有的全部能力成為焦點，就是喚醒人們所有天賦的偉大力量。來自於控制其他人的注意力，激發他人的情緒，或者使聽眾信服的力量感能夠給人以自信、信心和獨立的精神，能夠喚醒人的雄心壯志並且可能使人在各方面的效率得到提升。

一個人的判斷力、教育經歷、男子氣概、性格、所有使他成為今日這個人的事物，都會在他努力去表達自己的時候像一幅全景圖一樣展開。每一種精神上的天賦都會得到復甦，每一份思想和表達的能力都會受到鼓動和鞭策。演講者聚集了他所有的經驗、知識、先天的或後天儲備的才能，並且集中了在盡力表達自己的思想以及爭取得到聽眾的讚許和掌聲的時候的全部能力。

　　作家有著能夠等待自己情緒的優勢。他可以在自己想要寫東西的時候進行寫作，並且他知道如果寫出來的東西不能令自己滿意的話他可以一次又一次地把手稿燒掉。沒有一千雙眼睛盯著他看，也沒有一位偉大的聽眾來評審他的每一個句子，衡量他的每一個想法。他不必為了得到評判而去迎合每位聽者的判斷標準，就像演講者那樣。只要他願意的話，他可以無精打采地寫下去，就像他所選擇或者想要做的那樣，大量地使用自己的頭腦或者精力，抑或絲毫不用。沒有人在注視他。他的傲慢和虛榮不會被觸及，而且他寫出來的東西可能永遠不會被任何人看見。之後，還總會有一些修正校訂的機會。

　　在音樂中，不論是聲樂還是器樂，一個人所表達的東西只有一部分是屬於這個人，其餘的都屬於作曲家。在交談中，我們不會感覺到有那麼多東西依賴於我們的辭藻，只有一些人聽到了它們，也許沒有哪個人會再次想起它們。但是一個人嘗試著在聽眾的面前進行演講的時候，所有的支撐都從他身上拿掉，他沒有任何可以倚靠的東西，他可能得不到任何的幫助，也不會得到任何建議，他必須從自身找到全部對策，他絕對是孤家寡人。他可能身家數百萬美元，擁有寬廣的土地，而且可能居住在豪華的宮殿裡，但是此刻所有的這些都不會對他有什麼幫助。他的記憶、經驗、所接受的教育、才能本領才是他所擁有的全部。他一定要經受住自己所說

的，和在講演中所呈現的東西的檢驗，在聽眾的評價之後他要麼依舊屹立，要麼轟然倒下。

任何一個渴望接受文明教化的人都應該訓練自己去進行獨立思考，這樣他們就能立即得到提升並且可以睿智地表達自己的觀點。餐後演講的場合正在非常迅速地增加。有很多曾經在辦公室中得以解決的問題現在都在餐桌前進行討論並且得到有效處理。現在各式各樣的商業貿易活動都是在餐桌上完成的。餐桌演講的需求，在此之前從來沒有像今時這樣大。

我們都認識這樣一些男男女女，他們依靠自身艱苦努力的工作以及百折不撓的勇氣和決心晉升到顯赫的職位上，然而他們卻無法做到在大眾場合，甚至在說幾句話或發起動議時不會像楊樹葉那樣瑟瑟發抖。當他們在年輕的時候，求學的時候，在辯論俱樂部裡的時候，他們有很多機會來擺脫自我意識，也有很多機會學到在公開演講時怎樣做到輕鬆和熟練，但是他們總是在一次次這樣的機會面前退縮，因為他們很怯懦，或者認為某些其他人可以更好地處理這些討論和問題。

現如今有很多這樣的生意人，如果他們可以回到過去，利用那些曾經被他們捨棄的學習獨立思考和演講的機會，就算是散盡家財也在所不惜。現在他們擁有了大量的財富，擁有了大量財產，但是當他們被邀請來做公開演講的時候他們仍然是無名之輩。他們所能做的僅僅是看起來十分地愚蠢、面紅耳赤、結結巴巴地道歉，然後坐下來。

不久前，我參加了一次公開集會，其中一個人在社團中的地位非常高，他是自己所在領域的關鍵人物，他被邀請來發表一下他對正在討論的事情的看法，他站了起來、瑟瑟發抖、不停地道歉，幾乎無法表達自己的真實想法。他甚至都無法體貼地拋頭露面。他能力非凡而且閱歷深刻，但是他就在那裡站立著，像孩子一樣無助，而且他感到卑微、恥辱、局促不

安。可能如果在生活的早期能夠訓練自己去做即興演講，他會奉獻出一切，那樣他就能進行獨立的思考，並且有力而有效地說出自己所知道的事情。

這個受到每個與其相識的人的尊敬與信賴的堅強男人，在試圖發表自己對於一些重要的並且曾經是非常熟知的公共事件的看法的時候犯下了這樣令人傷心的錯誤，就是在這次集會上，一位來自同一座城市的頭腦十分淺薄的商人，即使連另一位在處理事情的實際能力的百分之一都不及，他站起來並發表了一篇才華橫溢的演講，然而外行人毫無疑問會認為他是能力更強的人。他僅僅是培養了自己獨立地去將最美好的事情說出來的本領，另一個人卻沒有。

紐約有一位才能卓越的年輕人，在很短的時間內攀登到了一個重要的職位上，他對我說他一直以來非常驚訝於那幾次自己被邀請去在宴會或者其他一些公共集會上進行演講的機會，驚訝於發現他了解自己，擁有了那些在以前從來沒有夢想過自己能夠擁有的能力，現在他最為後悔的就是在過去竟然讓那麼多能夠充分調動自己的機會流失掉。

努力以清晰易懂、明確簡潔、生動有力的英語表達出自己的觀點，往往會使這個人的日常用語變得更加經得起推敲並且更加直截了當，而且通常能夠改善這個人的遣詞造句。進行演講能夠全面地開發人的精神力量，增進人的性格。這便解釋了當年輕人加入中小學或者大學裡的公開辯論小組或者辯論社團的時候能夠迅速地得到發展的原因。

賈斯特菲爾德勳爵說，每個人都可以選擇使用合適的詞語，而不選擇那些錯誤的，並且可以說出合適得體的話語，而不是說出不恰當的話語。一個人可以有著優雅的言談舉止，並且如果他能用心並且努力的話，他就能夠成為一個和藹可親的而不是令人討厭的演講者。

這是一件需要費盡心思並且需要提前準備的事情。在學習你所希望了解的事情的過程中有一些至關重要的事情。你的語言修養、態度舉止以及智力供應，都將成為思想訓練的重要組成部分。

　　當在觀眾面前獨立思考的時候，一個人必須要敏捷地、精力充沛地、有效地進行思考。與此同時他必須透過適當調整的嗓音，配合合適得體的臉部表情和肢體語言來進行講話。這需要在早期進行大量的訓練。

　　沒有什麼比千篇一律、使用同樣呆板的方式表達能夠更加迅速地使聽眾感到厭倦的了。表達一定要有多樣化，當不能提供那種變化多樣的表達方式的時候，人的大腦就會非常迅速地感到厭倦。

　　這對於單調的聲音來說尤其如此。能夠使用甜美流暢、使耳朵愉悅的韻律來升高或者降低音調確實是一種非常重要的藝術。

　　格萊斯頓說：「百分之九十九的人永遠都不會擺脫平庸，因為他們完全忽視掉了對於聲音的訓練，並且認為那是完全沒有必要的。」

　　據說德文郡的某位勳爵是唯一一位在自己演講的過程中打盹兒的英國政治家。他在進行枯燥、索然無味的演講方面真是個天才，使用千篇一律低沉的聲調將演講繼續下去，時不時地停下來好像小睡一下能夠使他恢復精神一樣。

　　那些有志成為演講家的人在年輕的時候一定要鍛鍊出強壯的身體，因為力量、熱情、信念、意志力都極大地受到身體狀況的影響；同時還要養成自己的肢體語言，並且養成自如使用的好習慣。如果韋伯斯特坐在參議院中並且將自己的雙腳放在桌子上，那麼韋伯斯特會對海恩[39]做出的回答，在這塊大陸上曾經做出過的偉大演講，會產生怎樣的結果呢？想一

39　羅伯特・海恩（Robert Young Hayne, 1791-1839），美國政治領袖、曾任參議院議員、北卡羅萊納州州長、查爾斯頓市市長。

想，像諾迪卡[40]這樣偉大的歌唱家尚且要努力去使懶洋洋地躺在沙發上或者是無精打采地坐著的聽眾振奮起來！

不會有任何一類人會像公共演講家那樣置身於這樣嚴格的展現內在自我的測試之中，也沒有其他人會像演講家那樣冒著暴露自己弱點的風險，或者在其他人的評論之中這樣愚弄自己。除了那些不知羞恥、感覺遲鈍，並且毫不在意他人對自己的看法的人，公開演講 —— 獨立思考，對於所有人來說是強大的教育家。沒有什麼其他事物能夠如此充分徹底地洩露出一個人的弱點或者顯示出思想的局限性、言語的空洞、詞彙量的匱乏，也沒有什麼其他的事物能夠像個人的公開言論這樣成為性格、閱讀範圍以及觀察力是小心謹慎還是疏忽大意的試金石。

對培養有效語言能力的早期訓練會使人透過閱讀優良的讀物和詞典小心謹慎地獲得上乘的詞彙量。人們必須要懂得言語的使用。

謹密、簡潔的評論是必不可少的。當你完成的時候要學會停止。在已經陳述了自己的觀點之後就不要再將自己的談話或者爭論引申出去。那樣的話，你只能抵消自己留下的良好印象，只能削弱自己的論據，並且由於缺乏機智老練、公正的判斷力或者相對的鑑賞力會使其他人對你產生偏見。成為一位優秀的公共演講家的嘗試是喚醒所有大腦才能的偉大力量。源自控制他人的注意力、鼓動聽眾的情緒或者使聽眾信服的力量感會給人以自信、信心和獨立精神，激發人的雄心壯志，而且往往會使人在每個細節方面都要高效。

一個人的男子氣概、性格、學識、獨到的判斷力所有這些使他成為今日這個人的事物就像一張全景畫一樣正徐徐展開。每一種大腦的才能都會得到復甦，每一種思想和表達能力都得到鞭策。思想觀點迫切希望得到表

40　莉蓮‧諾迪卡（Lillian Nordica, 1857-1914），美國歌劇演員。

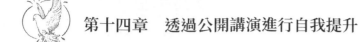

達，遣詞造句迫切需要得到精心挑選。演講者彙集了他所有沉澱下來的教育、閱歷、天賦或者後天的才能的儲備，並且聚集了所有的力量努力去獲得聽眾的讚許和掌聲。

這種努力控制了人所有的本性，眉頭緊鎖，充滿怒火的眼神，雙頰通紅，血脈賁張。沉睡著的衝動和興奮被喚醒，已經部分被遺忘的記憶再次復活，想像力甦醒過來看見了思想平靜時從未出現的身影和笑容。

全部人格的強制覺醒具有遠比演講活動更深遠的影響。努力以一種合理有序的方式安排一個人的所有儲備，努力展現一個人所擁有的全部才能，更好地將這些儲備永久地保留在手中，並且更加觸手可及。

辯論俱樂部是演講家的搖籃。不管為了參加辯論俱樂部要走多遠的路，有多麻煩，或者趕時間有多困難，你由此得到的鍛鍊常常會成為人生的轉捩點。林肯、威爾森、韋伯斯特、喬特、克萊以及派翠克·亨利（Patrick Henry）這些人都是在那些舊式的辯論社團裡接受了訓練。

不要因為不知道關於議會法律的任何事情就認為自己不應該接受所在俱樂部或者辯論團體的主席職位，或者不應該積極參與其中。這就是學習的地方，而且當你接受了這個職位的時候，你便可以去了解那些規則，而且極有可能就是在你被塞到那個需要發布那些章程的主席職位之前，你永遠都不會了解那些章程。盡可能地加入年輕人的團體當中去，尤其是那些自我提升的組織，並且強迫自己利用得到的每一次機會進行演講。如果這樣的機會沒有降臨到你的身邊，那麼就自己去創造這樣的機會。站起來然後對於每一個即將討論的話題都說些自己的意見。不要害怕站起來提出異議或者進行附議，或者發表自己的觀點。在你做出更加完善的準備之前不要一直等待。否則你永遠不會成功。

每一次的站起來都會增加你的信心，而且經過一段時間之後你就會形

成演講的習慣直到它和其他任何事情同樣容易了。沒有任何一樣事物能像辯論俱樂部以及各種類型的討論這樣如此迅速、如此有效地使年輕人成長。我們大多數的大眾人物都將自己的晉升更多地歸因於舊式的辯論社團而不是其他任何事情。在這裡他們收穫了學識、自信、自力更生；在這裡他們發現自我。就是在這裡他們學著去不要害怕自己，學著去有力而獨立地表達自己的觀點。沒有什麼比在辯論中奮力捍衛自己的觀點更能調動一個年青人的內在能量的了。正如摔角對於身體的作用一樣，辯論是訓練大腦的重要而又強大的方式。

不要退縮在後座上，起來！上前去吧。不要害怕去展示自己。這種退縮進角落裡、擺脫大眾的視線、避免招引大眾的注意的行為對於自信來說是致命的。

從公開辯論或者演講之中退縮下來是這樣容易、這樣充滿誘惑力，對於中小學或者大學中的男孩女孩們來說尤其是這樣，因而，在這樣的背景之下就算是在今時今日，他們也不能接受足夠良好的教育。他們想要一直等下去，直到他們更加擅長使用語法，直到他們閱讀了更多的歷史事件、更多的文學作品，直到他們獲得了更多一些的文明教化並且舉止輕鬆。

但是獲得風度儀態的方法是熟能生巧，保持沉靜和泰然自若以使自己在公共集會時不會心煩意亂的方法是獲取經驗。相同一件事做了很多次的話，它就會成為你的第二天性。如果你收到了邀請去進行講演，不管你是多麼希望從中退縮，或者不管你可能是多麼地膽小或害羞，一定要下定決心不要讓這種能拓展自身能力的機會從身邊溜走。

我認識一個年輕人，在公開演講方面他天賦異稟，然而他是那麼地膽小羞怯，因而每當他收到邀請在宴會上或者在公開場合進行演講的時候，他總是退縮，因為他總是擔心自己沒有足夠的經驗。他對自己缺乏信心。

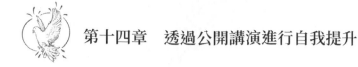

第十四章　透過公開講演進行自我提升

他的自尊心那麼強同時又是那樣地害怕犯一些使自己蒙受屈辱的過錯，因而他會一等再等，直到現在他已經喪失了信心，認為自己永遠不能在公開演講方面做出什麼成就。要是他當初接受了所收到的那些邀請，他會願意傾其所有，因為那樣他會從這些經歷中受益。對他來說犯一次錯誤，或者甚至是徹底失敗幾次，要比錯失那些必定會使他成為一位更有影響力的公開演講者的機遇好上一千倍。

術語上所稱的「怯場」是非常常見的。一個大學男孩正在背誦一篇名為「致應徵入伍的長輩們」的演講稿。他的指導教師問他，「要是凱撒大帝做演講也會這樣嗎」？「是的，」他回答，「凱撒大帝會被嚇到半死，並且如同一隻小貓一樣緊張害怕。」

當一個毫無社會閱歷的人知道所有的眼睛都在注視著自己，每一個聽眾都在估量他、研究他、仔細觀察他看他有多少內涵，看他持有的立場，並且下定決心看他是多於還是少於自己的期待的時候，幾乎致命的羞怯就會牢牢控制住他。

有一些人天生就十分敏感並且總是害怕受到他人的關心，以致他們不敢張嘴說話，甚至是在討論一個他們非常感興趣並且有著獨到的重要見解的問題的時候也是這樣。在辯論俱樂部、文學團體的集會，或者任何一種聚會上，他們閉口不言，期待著，但卻害怕說話。要是他們能站起來提出自己的觀點或者在公開集會上演講的話，他們自己的聲音一定會把自己嚇得目瞪口呆。堅持自己的意見，提出自己對某一值得關心的話題的觀點或是與自己同伴同樣寶貴的觀點，僅僅是這種想法就會使他們面紅耳赤、縮作一團。

通常情況下，這種膽小羞怯與其說是對於自己的聽眾的恐懼，倒不如說是那種生怕不能恰當地表達出自己的觀點的擔憂。

對於公共演講者來說，最難克服的事情就是自我意識。那些反反覆覆刺穿演講者，不斷在細細打量他，評論他的可怕的眼神很難被從他的意識中擺脫出來。

但是沒有哪位演講家可以給人留下深刻印象，除非他能夠擺脫自我，除非他能徹底地消滅他的自我意識，在演講時忘記自我。當演講者在考慮自己會給聽眾留下怎樣的印象，其他人會怎樣看待自己的時候，他的能力就會大打折扣，並且他的演講也就會機械、呆板。

即使是演講臺上的一點點失誤也是會產生對人有益的結果的，因為這樣的經歷通常會激發下一次戰勝困難的決心，這種情況屢見不鮮。狄摩西尼 [41] 英雄般的努力以及迪斯雷利 [42] 的「當你聽到我的時候，時機就到來了」，都是歷史上非常著名的例子。

贏得通向前臺的道路的不是演講本身，而是演講背後的那個人。

一個人有影響力，因為他本身就是各種力量的展現，他本身就信服於自己所說的話。在他的本性當中沒有什麼消極的、懷疑的、不確定的東西。他不僅僅知道某件事情，而且深知這一點。他的觀點承載著自身的全部砝碼，整個人會對自己的判斷力表示認可。他本身就在自己的信念之中，在自己的行動之中。

有這麼一位我曾經聆聽過的最使人著迷的演講家，人們會步行很長一段距離然後站立數個小時，為的就是獲得許可進入他舉行演講的禮堂，但是他卻從來沒有獲得自己的聽眾的信任，因為他缺少個性。人們喜歡被他的雄辯口才左推右擺。在他說出的完美語句的韻律節奏當中蘊含著非凡的魅力。但是不知為何，他們可能不會相信他所說的。

41　狄摩西尼（Demosthenes, 384-322 BC），古希臘著名政治家、演說家。
42　班傑明・迪斯雷利（Benjamin Disraeli, 1804-1881），英國政治家、作家，曾兩度出任英國首相。

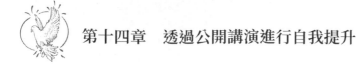

　　演講家一定要真誠。大眾們很快就能看穿虛偽。如果聽眾們從你的眼底看見的是沒有價值的東西，如果他們看出了你並不是真誠地對待他們，看出了你是在表演，他們就不會再信任你。

　　能夠說出一些令其他人愉快、感興趣的事情是遠遠不夠的，演講家一定要有說服力，要想說服其他人，演講者本身就要有十分堅強的信念。除非是面對某個重要的場合，很少有人能最大限度地提升自己或者了解自身全部的能力。在某些重要的緊急事件的面前，我們超水準發揮了自己的潛能，我們會和其他人同樣大吃一驚。不知為何，那些安靜地站在我們背後，深藏在我們的本性之中的力量，將會徹底解除我們的壓力，增強我們的能力數千倍並且能夠使我們完成那些以前認為是不可能的事情。

　　演講實踐在人的一生中所起的重要作用是很難估量的。

　　當國家處於危難之際，一些重要的時機造就了一些世界上最偉大的演講者。西塞羅、米拉博、派翠克‧亨利、韋伯斯特以及約翰‧布萊特都稱得上是這個事實的偉大見證者。

　　這些時機與在美國議會上所做的極其重要的演講有很大的關係比如韋伯斯特對海恩的回答。韋伯斯特沒有時間做即刻準備，但是這次機會調出了這位偉人身上所蘊含的全部儲備，他這樣高高地處於他的對手之上，相比之下海恩看起來就像是矮人一樣。

　　寫作發掘了很多天才，但是這個過程要比那些能夠發掘出演講家的偉大時機要慢並且低效很多。每一次的危機都能召喚出那些先前並沒有得到開發而且可能是未知的能力。

　　沒有哪位在世的演講家曾偉大到能夠像對著因自己的演講主題而熱血沸騰的觀眾一樣，對著空曠的大廳和空空如也的座椅也能施展出同樣的才能、力量和魅力。魅力的產生，即一種能夠激發大腦所有才能，達到強心

劑和興奮劑作用的無法言表的吸引力，在於觀眾的存在。演講家可能在觀眾的面前說出自己在走上演講臺之前不可能說的話，就像我們可能經常會在熱情熱烈的交談中對朋友說出那些我們在獨自一人時不會說出的話一樣。就像當兩種化學試劑溶合在一起的時候，一種新的物質就會從這種結合之中生成，而這種新的物質絕對不會存在於任何一種單獨的試劑中，人們會感覺到觀眾的合力像一股股波濤衝擊過自己的大腦，演講家們稱之為鼓舞力，這是一種他們自身個性中並不存在的巨大力量。

演員會告訴我們有一種難以言表的振奮鼓舞來自於劇廳、腳燈、觀眾，這是他們在進行沉悶呆板的彩排中不可能感受到的。在眾多期盼的臉孔中，有某種能夠喚醒人們雄心壯志、激發他們潛能的東西，除了在觀眾面前人們永遠也不會感覺到它的存在。這種力量從前也同樣待在那裡，只是沒有被啟動。

在一位偉大的演講家面前，聽眾都完全沉浸於他的影響力之中。他們會隨著他的意願大笑、哭泣，或者會依照他的吩咐或站或坐，直到他解除了對他們的魔咒。

激盪起所有聽眾的熱血進而將他們的情緒激發到這樣一種狀態，以至於他們如果不按照所促使的那樣去做，他們就一刻也控制不了自己，演講家除了這些還能做什麼？

「他的話就是規則」，這句話可以很好地詮釋出一位演講技巧可以左右整個世界的政治家。還有什麼技巧會比能夠改變人們的思想更了不起呢？

溫德爾・菲力浦斯就是這樣利用人的情緒，就是這樣改變了那些既憎他又對他演講充滿好奇的南方人的信念，以至於他甚至一度說得他們認為自己的立場是錯誤的。我曾見過他，他對我來說似乎是神一樣的人物。他輕鬆自如地左右著他的聽眾，那些在奴隸制時代憎恨他的人也在那裡，並

且不禁為他歡呼喝采。

　　維特摩爾‧斯托里[43] 說，在詹姆斯‧拉塞爾‧洛厄爾[44] 還是一個學生時，他和斯托里曾一起去芬妮伊爾演講廳聽韋伯斯特的演講。因為他想留在泰勒的內閣中，他們打算用噓聲把他轟下臺。他們推斷是召集三千人加入他們會是一件非常輕鬆的事情。當他開始之後，洛厄爾臉色蒼白而斯托裡則臉色鐵青。他們覺得韋伯斯特炯炯有神的雙眼一直在注視著他們。韋伯斯特的開場白將他們的嘲笑變為了欽佩讚美，將他們的蔑視轉變為尊敬。另一個學生在講述自己傾聽一位偉大的傳道者的講演的時候說道：「使我們得以一睹至聖之所。」

43　維特摩爾‧斯托里（Witmore Story, 1819-1895），美國雕塑家、藝術評論家、詩人、編輯。
44　詹姆斯‧拉塞爾‧洛厄爾（James Russell Lowell, 1819-1891），美國浪漫主義詩人、評論家、編輯、作家和外交家。

第十五章
儀容整潔很重要

　　服裝並不能造就人，卻能夠對人的生活產生比我們想像中大得多的影響。合適得體的衣服會使人舉止自然。穿著體面將會使人的行動變得優雅、自在，而著裝不當通常會使人產生束縛感。

　　儀容整潔主要包括兩個方面：身體的潔淨以及衣著打扮上的漂亮得體。通常二者是相伴相隨的，服飾上的整潔表明一個人對於個人清潔衛生方面的細心留意，而外表的邋遢馬虎則反映出比著裝本身更深層次的問題。

　　身體是我們首要的表達方式。外在形象身為一個人的內心的表象而被廣泛接受。如果一個人因為完全疏忽、漠不關心而使自己的外表令人討厭甚至受人排斥的話，我們就會得出這樣一個結論：其思想同樣令人厭惡。一般來說，這種結論還是非常公正的。崇高的理想以及強健、潔淨而健全的生命和工作與差勁的個人衛生標準格格不入。一個會忽視了洗浴的年輕人往往會忽視整理自己的思想；而且在各個方面都會很快地墮落下去。而一個不再仔細關心自己外表上一些極其細微的細節的年輕女士很快就會招人厭煩，她會逐漸墮落成一個毫無志向、邋遢懶散的女人。

　　因而，在猶太法典《塔木德》（Talmud）中，對清潔的要求幾乎接近於對信仰上帝的要求，這並不奇怪。我還應該將它置於更加接近信仰上帝的要求的位置上，因為我相信絕對的清潔就是對上帝虔誠的信仰。肉體上的潔淨、靈魂上的純潔可以把人昇華到至高境界。如果一個人連這最基本的清潔都沒有，那麼他不過是一介莽夫。

　　健康、強壯、潔淨的身體，和美好、堅強、純潔的品格之間有著緊密的連繫。一個在其中一方面放縱自己的人在另一方面也會不由自主地墮落下去。

　　個人利益也一樣強烈地要求我們的行為要符合潔淨法則，就如同美和道德對我們的要求那樣。每天，我們都會看見由於未能達到潔淨法則的要求而遭受「懲罰」的人。我回想起許多有才能的速記員僅僅是因為沒有保持指甲的整潔而丟掉了工作的例子。我認識一位誠實、聰明的人丟掉了自己在一家大型出版公司的工作，僅僅是因為他對刮鬍子和刷牙之類的瑣事

不夠細心。一位女士走進一家商店想要購買緞帶，當她看到售貨小姐的雙手時馬上改變了自己的主意，轉身去了別家商店。她說：「精美的緞帶是不應該由這樣骯髒的手接觸的，否則就會失去光澤。」當然，不久之後，這位售貨小姐的老闆就會發現她在銷量上並沒有什麼進展，到那時，潔淨法則就會無情地發揮作用了。

整潔的外表首先強調的是經常沐浴的必要性。每天一次的沐浴保證了皮膚的乾淨、健康，否則身體的健康就無從談起。

重要性僅次於沐浴的是正確的護理頭髮、雙手和牙齒。這些護理只需要一丁點的時間、肥皂和清水就可以了。

修剪指甲的工具非常的便宜，幾乎每個人都可以買得起。如果你買不起一整套工具的話，你可以買一個指甲銼，那樣你就可以保持自己的指甲光滑潔淨了。

保持一口潔白整齊的牙齒是件非常簡單的事情，然而偏偏會有更多的人在這方面犯錯誤。我認識很多穿著十分講究的年輕人，他們似乎對自己的個人形象相當自豪，然而，卻忽視了自己的牙齒。他們並沒有了解到，沒有比牙齒滿是汙漬、蛀牙或正面的牙齒缺失更容易損壞自己形象的事情了。不論男女，最不禮貌的莫過於口臭，沒有哪個人可以忽視自己的牙齒，否則他將會自食惡果。沒有哪位老闆願意雇用一個因正面牙齒缺失而形象大打折扣的職員、速記員或者其他任何雇員。有許多求職者被拒之門外就是因為他們糟糕的牙齒。

對於那些想在這個世界上闖出名堂的人來說，衣著服飾方面的忠告可以簡短地概括為這樣一句話，即「服裝須雅致，勿奢華」。服飾簡潔質樸的風格是最具魅力的。在當今時代，隨處可見種類繁多的物美價廉的衣服，大多數人還是能夠支付得起著裝體面的費用的。但是如果境況窘迫，

只能穿破舊的服裝，你也無須為此而面紅耳赤。自己身上每件透過正當方法購買得來的舊衣服，要比那些透過非正常管道得來的新衣服更能為自己贏得自尊和別人的尊敬。我們要避免穿著的不是破舊的衣服，而是那些讓所有人都皺起眉頭的邋遢的衣服。如果你根據自己的財力進行穿著打扮，不論你生活多麼貧困，你都可以做到穿著得體。在自己經濟能力許可範圍內要盡可能以最好的衣服展現在旁人面前，總是一絲不苟地注重保持自己整齊與乾淨，並且不惜一切代價來維護你的自尊和正直的品格。這種意識會在你處於最艱難的逆境時支撐著你，給予你能夠博得其他人尊敬和欽佩的尊嚴、力量和吸引力。

赫伯特·H·弗里蘭德在很短的時間裡從一名長島鐵路處的普通工人晉升成為紐約全市地面鐵路部門主管。在一次關於「如何獲得成功」的演講中，他說道：「衣裝服飾不能成就一個人，但是，適宜的著裝的確幫助很多人找到了好的工作。如果你手頭上有二十五美元，並且希望獲得一份工作，那麼花二十美元購買一套正裝，再花四美元買一雙鞋，其餘的錢用來刮鬍子、理髮和清洗衣物，然後到面試地點，要比你穿著邋遢的衣著，口袋裡帶著那二十五美元去面試好得多。」

多數大型商業機構都有一條不成文的規定，即不會雇用衣衫襤褸、邋遢馬虎或者參加面試時著裝不當的人員。一位為芝加哥一家零售業巨頭招聘銷售人員的負責人說：「雖然申請的規程對於每個求職者都嚴格地執行，但事實上求職者面試成功與否最重要的因素仍然是其個人形象。」

不管一個求職者擁有多少優點、多大能力，如果他忽視個人形象，那麼他必將為此付出巨大代價。一些求職者就像一塊未經雕琢的鑽石，其價值遠遠超過一塊閃閃發亮的玻璃，然而偶爾也會被拒絕。與那些被拒之門外的、才能出眾的求職者相比，依靠良好的優秀的外表獲得工作的求職者

也許有時非常膚淺，儘管他們的能力不及那些被拒者的一半，但是既然已經獲得了工作，他們就會努力保住它。

影響美國雇主的這些規則，在英國也同樣適用，這一點得到了《倫敦製衣業報告》的證實。這份報告中說：「如果一個人對個人衛生習慣和衣著的整潔格外用心的話，那麼從他所完成的工作中也會看到他的全心投入。在個人生活習慣上馬馬虎虎的人生產出來的產品也總是馬馬虎虎的；而對自己的外表非常在意的人同樣會十分在意自己生產出的產品的外觀。這條適用於工廠的原則可能也同樣適用於銷售商品的櫃檯。精明的售貨小姐通常會對自己的衣著非常挑剔，她們討厭穿戴骯髒的衣領、磨損的袖口、掉色的領帶，難道事實不是這樣嗎？事實的真相表明，似乎對於個人習慣和整體外形的格外關心常常暗示著某種思想上的警惕，這使他容不得任何形式的邋遢懶散。」

那些希望保持成功的生活最重要的要素的年輕男女，沒有哪位受得了忽視著裝的惡果，因為「人如其衣」。如果注意著裝得體，優雅輕鬆的行為舉止便會隨之而來，同樣，襤褸汙穢、不得體的著裝會讓人感到尷尬、不自然、缺少尊嚴和地位。毫無疑問，衣著服飾影響著我們的心緒和自尊，每個人都明白這一點，穿著適宜得體的新衣服時心裡無比激動，誰沒有過這種經歷呢？破舊襤褸、不得體、髒汙的衣服對於道德品性和行為舉止也是有害的。伊莉莎白‧斯圖亞特‧菲力浦斯 [45] 說過：「實際上，穿著乾淨筆挺襯衫的意識本身就是一種道德力量的泉源，其重要意義僅次於純淨的良心。熨燙整齊的衣領、嶄新的手套都可能幫助一個人度過難關，而這種情況下只要一個皺痕或者一條裂口就能將他打敗。」

---

45 伊莉莎白‧斯圖亞特‧菲力浦斯 (Elizabeth Stuart Phelps, 1844-1911)，美國女權主義作家。代表作：《門之間》、《空房子》、《生命的樂章》、《沉靜的夥伴》、《基督耶穌的故事》等。

第十五章　儀容整潔很重要

　　注意一些極其微小的細節的重要性著裝體面正是其完美性的展現，這一點可以由下面這個關於一位年輕女士爭取一個理想職位失敗的實例得到完美的詮釋：我們這一代人中不乏道德高尚的女士，其中就有這樣一位女士建了一所女子學校，在這所學校裡女孩們可以接受到良好的英語教育，並輔以相對的訓練，以便將來能在社會上自謀生計。她很需要主管兼教師的人來幫忙，所以當學校的委託人向她推薦了一個年輕女孩時她認為自己非常幸運。這位女孩機智過人、充滿智慧、舉止優雅，非常符合這個職位的要求，委託人們對她讚賞有加。這位學校創始人馬上邀請這個年輕女孩前來面試。顯然，這個女孩具備了所有應聘條件；但是，在沒有給出任何解釋的情況下，這位夫人卻斷然拒絕試用她。過了很長一段時間，被一位朋友問及為何拒絕雇用這名能幹的老師時，她回答道：「只是因為一個細節問題，但是這個細節卻像古埃及的象形文字一樣意義豐富。那天，那個女孩來見我時穿著時髦、雍容華貴，但是卻戴著一雙破舊骯髒的手套，鞋子上的鈕扣也鬆開了一半。一個邋邊馬虎的女孩對於任何年輕女學生們來說都不是稱職的老師。」也許，那個求職者永遠都不會知道自己未能獲得這份工作的真正原因，因為她無疑在每一個方面都非常地合格，除了這個看似並不重要的著裝細節。

　　無論從哪方面說起，衣著得體都會給你帶來極大的好處。知道自己著裝得當就如同為我們注入了精神上的強心劑。很少有人能夠強大並且泰然自若到可以絲毫不受周圍環境的影響。如果你沒有盥洗、衣衫不整地躺在床上，房間裡也到處亂七八糟的，你可能不想也不希望見到任何人，所以對這一切都並不在意，那麼你將發現自己的心情很快就會與自己的著裝以及周圍環境一樣糟糕。你的精神會逐漸變得懈怠，不願意努力，變得和你的身體一樣邋邊懶散、隨意而且怠惰。另外，如果，當你受到了憂鬱沮喪

情緒的困擾，感到工作虛弱無力的時候，不要蜷穿著睡衣或便衣躺在房間裡，你應該好好地洗個澡一個土耳其浴自然最好了，如果你能夠支付得起的話然後穿上你最好的衣服，仔細梳洗打扮一番，就好像要去參加時尚招待會一樣，接著你就會覺得整個人都煥然一新了。十有八九在你還沒有梳妝完畢，你的「憂鬱沮喪」和病快快的感覺就會像噩夢一樣一掃而光，並且你對於人生的整個看法都會隨之改變。

在強調著裝的重要性的時候，我並不是說你應該像那個英國紈褲子弟博‧布魯梅爾（Beau Brummel）一樣。他每年僅僅花在裁縫店裡的錢就達到了四千英鎊，他還常常花費數小時來繫領帶。過度熱衷於衣著服飾要比對其完全置之不顧還糟糕，因為這類人像博‧布魯梅爾一樣太熱衷於衣著打扮，衣著成為他們生活的主宰，他們因此會忽略了自己於人於己的神聖職責；或者他們會像博‧布魯梅爾一樣把自己大部分時間浪費在對衣著打扮的研究上。但是，我必須要說明，鑑於衣著打扮對自己及對我們所接觸的人的影響，根據我們的職位需求，在收入允許的範圍內穿得盡可能得體恰當是一種責任，也是最划算的事。

許多年輕人在認知上存在盲點，他們認為「穿著得體」就是要衣著華貴，在這種錯誤觀點的引導下，他們陷入了與那些認為穿著打扮毫不重要的人同樣的盲點。他們把本該豐富頭腦和心靈的時間，浪費在研究梳洗打扮及盤算如何將有限的收入分配在購買不同款式的帽子、領帶和外套上面，而這些商品都是他們從領先時尚的商店裡見過的。如果他們無論如何都買不起這些他們夢寐以求的商品，他們就會購買一些價格低廉、俗不可耐的山寨貨，其效果只會使他們看上去更加地滑稽可笑。這類男子戴著廉價的戒指，繫著染成朱紅色的領帶，而他們幾乎全都是職位較為低下的人。就像是卡萊爾所描述的那樣「一個被衣服包裹起來的人，一個生意、

工作甚至生活的全部都在於服裝穿著的人，他的靈魂、精神、身體以及錢包的每項功能都英勇無畏地奉獻給了這個唯一的目標」。他們生而為穿戴，並且沒有時間用來提升自己的文化素養或者在事業上更進一步。

　　過度講究穿著的年輕女士只不過是上述紈褲子弟的女性版本。二者的行為似乎都與自己的穿著打扮有著細微的連繫。他們大吵大嚷、好炫耀而又庸俗。他們的服飾風格表明了自己的性格類型，甚至比那些邋遢馬虎、穿著不整的人的性格更加令人不快。世人皆贊同這一事實，莎士比亞曾所說過「服裝往往昭示著穿衣人的一切。」；男人常常由於自認為迷人的裝束打扮而遭到眾人的唏噓，女人更是如此。乍看上去，透過穿著打扮來判斷一個人可能非常草率並且淺薄，但是經驗一次又一次地證明：通常情況下，穿著打扮的確可以衡量穿衣人的判斷力和自尊心。有志成功的上進青年應該像挑選伴侶一樣仔細地選擇服裝。有句古老的格言說的是：「跟我說說你的朋友，我就能告訴你，你是什麼樣的人。」但是某位哲學家曾經說過一句富有哲理的話，「讓我看看一個女人一生穿過的衣服，我就可以寫出她的傳記」。

　　西德尼・史密斯說道：「教導一個女孩，告訴她說美貌毫無價值、穿著打扮毫無用途，這是多麼荒唐可笑的事情啊。女孩一生的前途和幸福往往就取決於一件新衣服或者一頂迷人的帽子。如果她擁有一些基本常識的話，她很快就會明白這一點。最重要的事情是要教會她了解到美貌和穿著打扮的正確價值。」

　　確實，服裝並不能造就人，但是卻能夠對人的生活產生比我們想像中大得多的影響。普蘭斯特・馬福德[46] 曾說過衣服是其中一種淨化種族靈魂

46　普蘭斯特・馬福德（Prentice Mulford, 1834-1891），美國知名的幽默作家，除此之外，也是新思想運動的提倡者。代表作：《思想及物質》、《如何運用你的力量》、《理解的天賦》、《精神的天賦》、《普蘭斯特・馬福德的故事：陸地與海之間的生活》等。

的途徑。當我們想到衣服對個人衛生所起的作用的時候，就會知道這絕不是誇張的說法。舉個例子，讓一個女人穿上一件破舊的髒衣服，就會讓她對頭髮是披散著還是紮起來毫不在意；而臉和手是否潔淨，腳下所穿的鞋子是否隨意更是無關緊要，因為她會爭辯說：「隨便什麼東西都能夠配得上這件破舊的衣服。」她走路的姿勢、行為舉止、整個人的情緒都會以某種微妙的方式被那件破舊的衣服主宰。想像一下她做了一些改變穿上一件精緻的薄紗外衣，那她的表情、舉止必然大不相同！她的頭髮必定是梳理整齊，為的就是和衣服協調；在輕紗的籠罩之下，她的面容、雙手以及指甲一定會變得潔淨無瑕；破爛的舊鞋也會換成與之相配的新鞋；她的情緒也會發生很大轉變。與穿著骯髒舊衣服的人相比，她會對那些穿著乾淨的新衣服的人表現出更大的敬意。「你願意改變自己目前的想法嗎？更換你的服裝吧，你立刻就會感受到它神奇的效果。」

甚至像博物學家、哲學家布馮那樣的權威人士也證實了衣服對於人的思想的影響。他聲稱如果不穿著整套正裝的話，就無法有效地思考。正因如此，在進入書房前，他總會穿戴整齊，即使連佩劍都不會漏掉。

不得體、破舊的著裝不僅使一個人喪失自尊，同時還會使他失去舒適和力量。合適得體的衣服會使人舉止自然、言語得體。穿著體面將會使人的行動變得優雅、舉止自然，而著裝不當通常會使人產生束縛感。

大家一定可以感受得到，上帝也是美麗衣裝的熱愛者。因為他給自己所有的傑作穿上了美麗而絢爛的長袍。每一朵鮮花都衣著華美，每一塊土地都在美麗斗篷的覆蓋下羞澀得臉兒發紅，每一顆星星都蒙上了閃亮的面紗，每一隻鳥兒都穿上了最高貴典雅的服裝。如果我們能給他最偉大傑作準備美麗的著裝，他一定會非常高興。

第十五章　儀容整潔很重要

第十六章
自力更生

　　人身上最可貴的莫過於他的獨立性、自力更生、創造力。自力更生與其他任何一種人類素養相比,它能夠征服更多的障礙,克服更多的困難,完成更多的進取和冒險,改進更多的發明創造。

第十六章　自力更生

　　每一個正常的人都能自食其力、自力更生，然而相對來說卻很少有人能夠培養自己獨立的能力。依賴他人，沿著他人的軌跡，跟隨著其他人走下去，讓其他人去思考、去規劃、去工作是件容易得多的事情。

　　典型美國人的最糟糕的缺點之一就是：如果他不具有某些特別領域的指揮才能，他通常就會認為不值得充分發掘自己的全部才能。

　　不要僅僅因為你不是天生的領導者就認為自己生來就要依靠其他人。因為你不具備優秀的領導指揮才能並不能成為你不培養所擁有的那一點點才能的理由。除非我們將自己的能力付諸實踐檢驗，否則我們永遠不知道什麼樣的力量泉源或者希望屬於我們自己。許多的男男女女已經證明了自己是一位偉大的領袖，而且他們看起來並非天生如此，起初他們並沒有展現出一丁點自力更生的跡象。

　　模仿、重複是不可能產生領袖的。從領袖的身上並不能反射出大多數人的意見。他們獨立思考，他們不停地創新，他們制訂自己的方案然後付諸實施。

　　支持任何特別的事物的人如此之少！大多數人僅僅是統計數字中的眾多個體之一；他們在構成更龐大一點的群體上達到了一定的作用；但是很少有人能夠卓爾不群、自立自足！

　　幾乎你所見的每一個人都在依賴著某些事物或者某些人。有一些人依賴自己的金錢，有一些人依賴自己的朋友，有一些人依賴自己的服飾打扮、出身、地位；但是我們很少看見有人能夠實實在在地獨立：他們靠自身的實力度過一生，並且自力更生、足智多謀。

　　在晚年的生活中我們永遠不會原諒那些允許我們去依靠他們的人，因為我們都知道這樣做就剝奪了我們與生俱來的權利。

　　在一位父親向自己孩子展示如何做某一件事情的時候，他是不會感到

滿足的。但是當他以親身實踐攻克了這件事的時候，再看看孩子臉上那興高采烈的表情吧。這種由征服所帶來的新鮮感是一種額外的力量，它能夠增強人的自信、自尊。

大學教育並不能提升實際的動手能力。它僅僅是為勞動者配備了工具。人們必須要透過實踐來學習如何熟練地使用這些工具。正是這所「強力敲擊」學校培養了人的性格並使人的成功潛力顯現出來。能夠發展人的性格並且能夠使人身上的成功原料顯現出來。

亨利·沃德·比徹常常講述下面這個故事，在孩童時期，他就學會了如何依靠自己：

「我被叫到了黑板前面，然後我滿腹牢騷、遲遲疑疑地走了過去，半信半疑，滿是怨聲。」

「『那篇課文是必須學會的』，我的老師以平靜卻有力的語氣對我說道。帶著十足的輕蔑，他將所有的解釋和藉口摧毀。他會說，『我只想這樣一個問題：我不想知道你為什麼沒有學會的任何原因』。」

「我確實已經學了兩個鐘頭了。」

「那對我來說毫無意義，我想讓你學會這課。你可能根本不必去學習它，或者你可以學習十個小時，只要適合你就好。只想讓你學會那篇課文。」

這對於一個毫無經驗的小男孩來說非常地艱難，但卻使我得到了歷練。在不到一個月的時間裡，我具有了強烈的獨立思考的意識和為自己的背誦進行辯解的勇氣。」

「一天，在一次背誦課文的過程中他那冷酷平靜的聲音在我耳畔響起，『不對！』。」

「我猶豫了一下，然後又重頭開始，當我再次背誦到同一個地方的

時候，『不對！』又以一種充滿說服力的語氣脫口而出，打斷了我的背誦。」

「『下一位同學！』我紅著臉茫然地坐了下來。那個學生也被這一句『不對！』給打斷了，但是依舊繼續背誦下去，一直到結束，當他坐下時，得到了一句『非常不錯』的讚揚。」

「『為什麼我和他背誦的一樣，而你卻對我說『不對！』，我低聲抽泣著說。」

「為什麼你不說『對』然後堅持下去呢？光知道那些課程內容對你來說還是不夠的；你必須要知道你確實知道了。除非你十分確定，否則你就還沒有學到任何東西。如果全世界都說『不對』的話，那麼你的任務就是說『對』，然後去證實它。」

老師能給予學生最大的幫助就是訓練他們去依靠自己，讓他們相信自己的實力。如果年輕人沒有鍛鍊自力更生的能力，他終將會是個懦弱者、失敗者。

人最大的錯覺之一就是他永遠都會從來自於其他人的持續幫助中受益。

能力是每一個遠大志向的奮鬥目標，模仿或者依賴他人帶來的只有軟弱。能力是自我產生、自我發展的。我們不可能透過靜坐在運動中心中或者讓其他人對我們進行鍛鍊來提升自己肌肉的力量。沒有什麼其他的事物會像依賴於他人的習慣這樣破壞獨立的能力。如果你依賴他人，你就永遠都不會變得強大或有創造性。要麼卓爾不群，要麼埋沒自己的志向成為大千世界的芸芸眾生。

有些家長試圖給自己的孩子創造有利條件，那樣孩子們就不必像他們那樣去辛苦奮鬥，但他們卻在不知不覺中將災難帶給了孩子。他們所說的

為孩子起步，很可能會成為孩子們在世上的阻礙。年輕人需要所有他們能夠獲得的推動力。他們是天生的依賴者、模仿者和抄襲者，對他們來說變成應聲者、仿製品和拐杖非常地容易。當你給他們配備了拐杖的時候，他們就不會獨立行走；只要你允許的話，他們就會一直這樣依靠著你。

能夠培養毅力和實力的是自立自強，而不是依靠別人拉上你一把或是別人的影響，是自力更生，而不是依靠他人。

愛默生說：「躺在優勢的溫床上的人難免會昏昏欲睡。」

坐享其成對於辛苦努力具有如此的麻醉作用，對於個人努力和自主自立如此地致命，以至於要受助於人，覺得努力奮鬥完全沒有必要，因為其他人已經為我們做好了一切。

在這世界上最令人討厭的一幅場景就是一個有著健康的血液、寬厚的肩膀、一雙漂亮的小腿，還有著一百五十多磅身體的年輕人，雙手揣在口袋中期待著他人的幫助。

你有沒有想過在你認識的人中有多少人正在等待著什麼東西？他們之中的很多人根本不知道自己在等什麼；但是他們仍然在等待著。他們隱隱約約地覺得會有什麼事發生，覺得會有什麼幸運的巧合，或者會有將為他們打開通路的什麼事情發生，或者會有人來幫助他們，這樣，即使沒有接受非常良好的教育，沒做任何準備工作或者沒有任何資本，他們都也能夠獲得事業上的起步或者進展。

有些人正在等著那些可能是來自於他們的父親、富有的叔叔，或者某些遠房親戚的財富。還有一些人正等著那種叫作「運氣」的「提拉」或「推動」的神祕東西來幫助自己。

有些人有這樣的習慣：他們一直等著別人的幫助，期待著有人推自己一把，或者等待著別人的財產，或者任何形式的援助，或者等待著幸運的

第十六章　自力更生

降臨，我從來沒見過這樣的人能成大器。

只有那些除了所有的支撐，扔掉了拐杖，破釜沉舟，依靠自己的人才能取得成功。自力更生才打開通向成功大門的鑰匙是能力的展現。

沒有什麼會像期待著別人的幫助這個習慣那樣毀掉人們的自信心，而這種自信是人們所有成就的偉大基石。

一家大公司的高階主管最近說，他想把自己的兒子安排在另一家商業貿易公司任職，在那裡他會得到錘煉。他不希望兒子跟著自己創業，因為他害怕兒子會依賴自己或者期盼著他的幫助。

有些男孩被父親嬌生慣養，允許他們隨時來上班，想來就來，想走就走。這樣的人往往是不會有什麼成就的。正是能力的培養給人力量和信心。依自己才能培養獲得成功的力量、處事的能力。

將一個小男孩置身於可以依賴他的父親或者期望獲得幫助的位置上是件很危險的事情。人在淺水中是很難學會游泳的，因為他知道自己能夠接觸到池底。在水沒頭頂的地方，在那種要麼被迫去游泳要麼沉入水底的地方，小男孩可以更快地學會游泳。當他被切斷了所有的退路的時候，他就會安全地達到岸邊。只要有可能就依靠別人，在我們感到有催馬加鞭的必要之前我們不會採取什麼行動，這都是人的本性。正是我們生活中的這個「必須」能夠激發出我們身上最優秀的本領的「必須」。

這就是為什麼那些經常受到父輩幫助的年輕人在家時一事無成，當他們不得不依靠自己的能力，不得不去做事或承受失敗的恥辱時，卻常常在很短的時間內培養出出色的才能的原因。

從你放棄了試圖從其他人身上獲取幫助的想法，變得自立自強的那一刻起，你就在通往成功的道路上揚帆啟程了。從你放棄了所有外界幫助的時候，你就會開發出那些你所擁有但你卻從未意識到的能力。

世界上沒有什麼其他事物會像你的自尊那樣價值連城，然而如果你只想從一個又一個人那裡獲得幫助，那麼你就無法保持自尊。如果你下定決心依靠自己，將自己置身於獨立的位置之上，那麼你就會成為一個無比強大的人。

外在的幫助有時對我們來說似乎是一種幸事，但因其嚴重的破壞力，它常常成為一種詛咒。那些贈予你金錢的人並不是你最好的朋友。朋友是那些敦促你，強迫你去依靠自己、幫助自己的人。

有很多比你年長的人，拖著僅有的一隻手臂或者一條腿，自食其力，而你擁有著健康的身體，有能力去工作，卻期待著其他人的幫助。

沒有哪個身強體壯的人會在自己有所依賴的時候認為自己是一個完整獨立的人。當一個人有了一份買賣、一份工作或者某種能夠使他完全獨立的職業的時候，他會感受到一種額外的力量、智慧和圓滿，這是其他任何事物都無法給予的。責任發掘能力。許多年輕人會在獨自進入商界時才第一次發現自我。他可能已經為其他人工作了多年，但卻從來沒有發現過自我。

在為其他人工作的時候，是不可能發掘出自己最大的潛能的。因為沒有動力，沒有同樣大的雄心或熱情，無論我們多麼地盡心盡責，都不會有同樣的激勵或鼓舞來造就上帝想要的那個人。人最可貴的是他的獨立、自力更生和創造力，而這些在為別人效力的時候，永遠得不到最大限度的展現，因為人性如此。

在風平浪靜時駕駛船舶並不需要掌握太多的駕船技術，也不需要有太多的駕船經驗。只有當狂風暴雨掀起滔天巨浪時，只有當船舶費力地透過那些可能將其吞沒的浪間的波谷時，只有當其他人都受到了驚嚇時，只有當船上的乘客中彌漫著恐慌情緒水手們譁變時，船長的航海技術才會接受檢驗。

第十六章　自力更生

　　只有當頭腦得到最大限度的檢驗，只有當年輕人所擁有的每一點機智和聰明都被用來挽救可能出現的失敗的時候，他的能力才會被發揮到極致。需要長年累月的努力才能將自己的一點點資本順順利利地擴展為大生意。只有堅持不懈地努力去保持容貌，去爭取到並且留住客戶，才能發掘出年輕人身上蘊藏的全部才能。只有當缺少金錢，生意不景氣並且生活壓力大的時候，真正的人才會取得最大的進步。沒有努力奮鬥，就不會有成長，就不會有素養。

　　當一個年青人知道他有足夠的錢可以買到「教育」，可以不必為此努力，或是他可以花錢聘請輔導教師來幫助自己應付考試，那麼他有多大的可能性去開發自己的內在資源？他們和那些知道自己不去賺錢就會身無分文，知道他們沒有富有的爸爸、叔叔或者慷慨的朋友在背後支持的年輕人一樣，傾盡全力刻苦學習，在每個夜晚、每個假日都努力工作，掌握每一分閒暇時光用於自我完善、自我提升的可能性又有多少？

　　一個年輕人幾乎讓別人為自己做每一件事又怎能培養自力的精神或者獨立的男子漢氣概呢？正是那些對於能力的鍛鍊才使人變得更加強大。正是那些做出的努力奮鬥才帶來了堅強的毅力。

　　當一個人感到所有的外界幫助都被切斷，感到要靠著自己的努力，他要麼站立要麼跌倒，感到他要麼在這世上闖出一條路來，要麼就得忍受失敗的恥辱時，他還會只使出同樣的氣力嗎？我認為這是不可能的。

　　當被置於完全要依靠自身能力，沒有任何可能獲得外界幫助的環境時，一定有東西會激發出人體內最了不起的能力，使人用盡最後一絲努力，就如同是一個非常緊急的情況，一場大火或者其他一些大災難能夠激發出受害者在此之前從沒想過的能力。是一股不知從何而來的力量拯救了他們。他們會感覺到自己像巨人一樣做了這些緊急狀況之前不可能做到的

事。但是現在他們命懸一線。他被困的那輛毀損的汽車可能要著火，或者如果他再死死抓住那艘毀損的大船，他就可能會沉入海底。必須立刻行動起來，就像是忍著病痛的母親看見了處於危難之中的孩子，只有在完全的絕望之中才能產生的力量充滿了他的全身，使他感受到一種前所未有的力量幫助他脫離險境。

當人們不必為生活的基本需求而努力的時候，就總是會和劣根性有所連繫。一直以來，需求都是種族發展的推動者。生存的基本需求一直都是鞭策人們從霍屯督人（Hottentots）步入高級文明的驅動力。

當孩子們憔悴、飢餓的臉孔凝視著發明家的時候，他就會潛入內心深處並且抓住那些創造奇蹟的能力。哦，在貧窮和嚴峻的基本生存需求壓力下，還有什麼是無法做到的呢？只有當我們面臨考驗的時候，只有當巨大的危機暴露了那些在平常深藏不露的潛能時，我們才能發現自己的身上蘊藏的能量，只有在危急時刻，在絕境之中這些能力才會有所應答，因為我們不知道如何才能深入內心去獲得這些能力，做出反應。

有一次，一個小男孩告訴他的父親自己在一棵樹上看見了土撥鼠。小男孩的父親對他說那是不可能的，因為土撥鼠不可能爬到樹上去。小男孩堅持說當時一隻小狗就站在土撥鼠和鼠洞之間，而牠不得不爬到了樹上。除此之外沒有其他脫離險境的辦法。

在生活中我們去做那些「不可能」的事情僅僅是因為我們不得不去做。

自力更生是朋友、權勢、資本、出身或者幫助的最佳替代品。與其他任何一種人類素養相比，它能夠征服更多的障礙，克服更多的困難，完成更多的進取和冒險，改進更多的發明創造。

那些自立自強、不畏艱難、在障礙面前毫不猶豫、相信自己天生才能

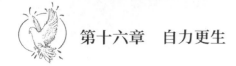

的人，他們才就是那些能夠獲得成功的人。

　　至於為什麼有那麼多人在這世界上幾乎無足輕重，其中一個原因就是他們害怕去做出些成就或者擁有堅定的信念。他們害怕獨立思考，或者充滿自信。他們這裡調整一點那裡調整一點就為了不招致別人的反感。他們慢慢試探著看看你的立場如何，看看他們在勇於堅持自己想法之前你的想法是否與他們一致，那樣他們的意見就僅僅是你的意見的一個改進版。

　　熱愛天才，熱愛那些擁有自己的觀點並且勇於堅持它的人，熱愛那些擁有信仰並且勇於將其付諸實踐的人，熱愛那些擁有信念並且勇於捍衛它的人，這便是人的某種本性。

　　有些人在了解我們之前不敢展示自己，不敢表達自己的觀點，因為他們害怕可能會與我們背道而馳或者冒犯我們，我們對這樣的人只會感到蔑視。我們所敬重效仿的是那些確定的目標遠遠超出他們周圍的狹窄眼界的人，他們不畏其他人的批評指責，有勇氣，有決心，勇於承受並且盡職盡責。這樣的人絕不會因為不被人理解而灰心沮喪，因為他知道只有那些有遠見的人才能看見他的目標，知道如果他目光高遠的話，他的目標必定難以被他周圍的大多數人看見。

　　保持這樣的信念會使人精神振奮，你來到這個世上是為了某一目標，是為了有所裨益，你所扮演的角色是其他人無法替代的，因為每一個人在生活這場大戲中都有各自的角色。如果你不去扮演自己的角色，在拍攝中就會有不足和欠缺。只有當一個人感受到這樣的壓力他們生來就是要完成這世界上的某一件事，擔任某一個特定的職責，否則他就不會有所成就。接下來，生活似乎就呈現出了新的意義。

第十七章
精神上的朋友和敵人

　　我們必須守衛在自己思想的大門，將所有幸福和成功的仇敵拒之門外。愛心、寬容、善心、親切、對於他人的友善，這些都會喚起存在於我們內心最高貴的情感。它們可以鼓舞人心、提升士氣，它們造就了健康、和諧和力量，它們會使我們置身於無限的和諧之中。

我們可以使自己的頭腦成為美的畫廊或者恐懼的密室，我們可以用任何事物隨意布置它。

　　我們用精神意象進行思考。它們總是先前於有形的現實。頭腦中的畫面會被複製進現實生活中，銘刻在人的性格上面。所有的實體經濟都會不斷地將這些意象、這些頭腦中的畫面變為實際生活，轉化為人的性格。

　　允許那些阻止你通向成功與幸福的勁敵不和諧的思想、不健康的想法、忌妒的想法進入你的頭腦之中，然後偷取了你的身心健康，奪走你的平靜與安寧，而失去這些你的生活就會成為現實中的墳墓，與之相比，允許盜賊進入你的家裡偷走你最寶貴的財富，搶走你的錢財要好上一千倍。

　　不論你為了生存做什麼或者不做什麼，都要下定決心不讓那些不健康、不和諧、使人厭煩的思想進入你的頭腦。所有這一切都取決於你能否保持自己的心智清澈和乾淨。保持你思想的聖地，你的大腦的純淨並且使之遠離你所有思想上的敵人。

　　不和諧的思想、病態的情緒，一旦潛伏在人的內心之中就會孕育出更多不和諧的思想和更多病態的情緒。自從你將其中任何一種隱藏於內心的那一刻起，它就會開始成千倍地增加，並且變得更加地可怕。不要和混亂、錯誤或者病態情緒的雛形有任何的瓜葛。它們會損壞所有觸碰過的東西。它們會在每一件事上留下自己惡劣的印象。它們會奪走一個人的希望、幸福和實力。從你的頭腦中卸下所有那些陰暗的畫面，所有黑色的意象。驅散它們。它們僅僅意味著危害、失敗、雄心抱負的終止，以及希望的凋亡。

　　我們必須守衛在自己思想的大門，將所有幸福和成功的仇敵拒之門外。

　　人就是這樣，我們必須做正確的事情，我們必須奮勇向前，我們必須保持心地純淨真誠無私，寬厚仁慈富有愛心，否則我們就不可能擁有真正

的健康、成功或者幸福。頭腦與肢體的完美和諧就意味著純淨的心態。

如果我們在孩提時就學會關閉頭腦的大門，將所有具備破壞性的有害思想拒之門外，將那些令人鼓舞、催人向上的、使人歡欣喜精神振奮的、給人以希望和勇氣的思想留在腦海，那麼竟然有那樣多的損耗、扭曲、磨削、衰老的摩擦是我們可以避免的。我知道一些這樣的例子，短短幾個小時的憂鬱、沮喪、消極、悲觀、傷感要比數週的艱苦工作耗掉人更多的生命力和能量。

有時候我們會看到思想顯示出它強大的威力。當一個人處於極大的悲傷、失望或者在很短的時間內失去大量金錢的時候，這個人的外表會發生如此大的改變，以致他的朋友幾乎都無法認出他來。思想這個惡魔漂白了人的頭髮，從它在臉上刻下的皺紋裡露出猙獰的笑容。

忌妒心會在數天或者數週之內對人的生活產生很大的破壞！它竟然可以毀掉人的領悟力，使生命的泉源乾涸，減弱人的生命力，並且扭曲人的判斷力！它毒害的是生活的核心。

在憤怒的風暴席捲過精神的王國之後，看見生活的希望、幸福和雄心壯志的破滅是非常可惜的。

如果孩子們在思考技巧方面得到恰當的訓練，那麼當他長大成人時要避免所有的這些將美麗、寧靜、安詳帶進人的頭腦之中，而不是將有危害的思想形成的荒蕪憂傷，將歡樂的盜賊、幸福和滿足的偷盜者帶入人的頭腦之中，這將是多麼容易的一件事情啊。

為什麼我們在現實的層面上這麼快就學會，知道炙熱的東西會燒傷我們，鋒利的工具會切傷我們，瘀傷會讓我們遭受痛苦，並且努力去避免那些給我們帶來傷痛的事物，利用和享受那些給我們帶來歡樂和安逸的事物，然而在精神的王國中，我們卻在不斷地燒傷自己，噴射著自己，用致

命的具有破壞性的思想毒害著我們的大腦和血液？因為這些思想的傷痕、精神上的瘀傷、憤怒的燒傷，我們遭受了多少磨難；然而我們並沒有學會如何將所有這些遭遇的原因拒之身外。

人生的目的並不是應該遭受磨難，而是應該享受歡樂並且永遠幸福、活潑向上。正是這種扭曲邪惡的思想習慣是人類墮落退化。

每個人都應該比我們之中最高興的那些人還要高興。那是上帝的旨意。我們可能會說史上製造出的最完美的手錶的製造者，曾經有計畫地設計出一些不完美，就好像「萬事萬能」的造物主打算讓人類遭受或多或少的苦難折磨一樣。

要擺脫我們思想的敵人需要持之以恆、有計畫地、堅持不懈地努力。沒有精力、沒有決心，我們做不成任何有意義的事情，那麼如果我們不積極抵制，我們又怎能期望將和平與繁榮的敵人拒之於思想的大門之外，將它們從我們的意識之中驅趕出去，對它們關上思想的大門？

將我們私人的仇敵、我們不喜歡的人、那些傷害我們、對我們說謊的人驅逐出門可能並非難事，為什麼我們不能將思想的敵人從我們的頭腦中驅趕出去呢？

如果我們赤腳走在鄉村的小路上，我們就要學會避免踩到那些堅硬的石頭和帶刺的荊棘，這些東西會割傷、劃破我們的雙腳。想要學會如何避免那些傷害我們，割傷我們並且留下醜陋的傷疤的想法憎恨、忌妒、自私，這些念頭只會使我們流血、遭受傷痛，這也不是什麼困難的事情。這也不是什麼根深蒂固的問題；這不過是一個將思想的敵人從人的頭腦中驅趕出去，然後熱情款待思想的好友的問題。

有一些思想可以散發出希望和快樂、歡樂和鼓舞，連通整個系統。然而其他一些想法卻約束，限制所有的希望、歡樂和滿足。

想一想我們將堅強、充滿活力、機敏多變而又富有成效的思想保存在頭腦中所帶來的幸福、繁榮和長壽的美好未來吧！

　　當我們的頭腦專注於和諧時，就不會再心懷紛爭；當美麗映射於心靈之鏡時，就不會心懷醜惡；當歡樂和幸福占主導地位時，就不會心懷憂傷。當歡樂、希望和高興活躍在人的頭腦之中時，悲傷和憂鬱就不可能在人的身體上展現出來。

　　如果你堅持不懈地將這些有危害的想法恐懼的思想、焦慮的思想、敗壞素養的思想、病態的思想清除出自己的頭腦片刻，那麼它們就會永遠地離開你；但是如果你容納這些想法的話，它們就會為了獲得更多的滋養、更多的支持而再次返回。其方法便是透過關閉思想的大門來勸阻它們進入。與它們毫無瓜葛，將其拋棄、忘記。當某些事情對你不利的時候，千萬不要說：「那只是我的運氣不好，我總是陷入麻煩之中。我就知道它會變成這樣。它總是那個樣子。」不要憐惜自己。那是一種非常危險的習慣。學會保持自己心靈的乾淨，抹去那些不幸的經歷、悲傷的記憶、那些會使我們丟臉、傷害我們的回憶，將它們全部清除出去，保持和過去一樣清白的心靈並不是非常地困難。

　　可能你並不懂得什麼是平靜、舒適和幸福，當你痛下決心，並且持之以恆地執行你的決定，永遠都不再和那些傷害過你並且使你遭遇到更深的苦澀折磨的事物有任何的瓜葛，它們就會來到你的身邊。

　　不要再和你的錯誤、缺點有任何連繫。不管它們曾是多麼地苦澀，都要把它們塗抹掉，忘記掉，然後下定決心不會再去藏匿它們。當然，這不可能單單靠一個意志來完成，而是要透過堅持不懈的努力、堅決的意志和高度的警惕，才能逐漸地將思想中大部分的敵人清除，但是將不幸、苦澀、淒慘的經歷清除出我們的記憶的最好的方式就是用對那些美好的事物

光明的、令人鼓舞的、充滿希望的思想填滿我們的頭腦。

　　和其他任何事物都一樣，觀念、思想也會吸引那些與其相類似的東西。那些在我們的頭腦中占據主導的想法往往會將它們的敵人驅趕出去。樂觀總是會趕走悲觀。高興往往趕走失望、消沉；希望會趕走沮喪、氣餒。用愛的陽光填滿我們的記憶，所有的憎恨和猜忌就會煙消雲散。這些黑暗的影子無法在愛的陽光中生存。

　　要堅持不懈地保持我們的頭腦中充滿並且洋溢著好的思想，慷慨大度的仁慈的想法，充滿愛意的想法、真實的想法、健康的想法、和諧的想法所有與這些不一致的想法都會被迫離開。兩種相互對立的觀點不可能在人的頭腦之中。真實是治療錯誤的解毒藥，和諧是紛爭的解毒藥，善行是邪惡的解毒藥。

　　我們大多數人察覺不出不同的思想或建議所帶來的影響之間的差異。我們都知道快樂、樂觀並且鼓舞人心的想法是如何使人產生幸福的顫抖，也知道它是如何使人恢復活力、獲得重生的。我們在手指尖上感到一陣陣的刺痛。它就像是一陣幸福和歡樂的電擊一樣彌漫開來並且逐漸恢復活力！它帶來的是一股富有青春活力的勇氣、希望以及精神的煥發。

　　那些能夠一直保持自己的思想正確的人可以用希望來替代失望，用勇氣來替代膽小怯懦，用果斷堅定來替代躊躇、懷疑或是迷茫。那些能夠使用自己友善的思想，樂觀、勇敢無畏並且充滿希望的思想填滿自己的頭腦，將自己成功路上的敵人驅趕出去的人，照比那些成為自己的情緒的受害者，成為憂鬱沮喪，失望氣餒以及懷疑的奴隸有著巨大的優勢。與那些有著十種天賦卻不能掌握自己的情緒的人相比，雖然他僅僅擁有五項天賦，卻可以成就更宏偉的事業。

　　我們生命所產生的價值很大程度上取決於我們保持自身和諧以及使我

們的思想免受眾多危害的程度，這些危害可以透過具有破壞性的衝突扼殺人的積極性並且抵消實力。

你不能過於頻繁或者過於強烈地斷定：你就是按照完美、愛、美麗以及真理的影像造就出來的。你生來就是為了表現這些特徵。對自己說：「每一次憎恨、充滿惡意、報復、失望或者自私自利的想法進入我的頭腦中時，我都會傷害到自己。我讓自己遭受了重重一擊，這對於我思想的寧靜、我的幸福、我的實力來說是致命的；所有這些有害的思想阻礙了我在生活中的前進步伐。我必須用它們的對立面來抵消它們，立刻來摧毀它們。」

這個敵人是否是恐懼、憂慮、擔憂、害怕、忌妒、羨慕、自私並不重要。不論是什麼，只要它以任何形式破壞了生活的對稱和美都應該像一位致命的仇敵那樣被驅逐出去。

強烈的擔心、焦慮、忌妒、暴躁的脾氣、險惡下流的性格，所有這些都是病態的頭腦的徵兆，急性的或者是慢性的。任何形式的不和諧或者苦惱都說明你的內心出現問題。

當我們意識到破壞或扭曲我們敏感的神經系統的每一次勃然大怒，意識到仇恨和報復的念頭每一次觸碰，意識到自私、恐懼、焦慮以及擔心的每一次震顫（即使這些不和諧的念頭只是在頭腦中一掠而過），都將會給生活留下無法抹去的印記，毀掉人的一生時，你的內心出現問題的時刻就到了。

當苦惱、焦慮、憤怒、報復或者忌妒所產生的不和諧出現的時候，你就會知道這些東西會以可怕的速度，吸乾你的能量並且浪費你的生命力。這些損失不僅沒有任何的益處，而且會磨光那些精密的大腦，造成心智不成熟並且縮短人的壽命。苦惱、恐懼、自私自利，這些想法都是我們體內的有害的勢力，毒害著我們的血液和頭腦，破壞著和諧，瓦解著實力，而

與此相對的那些思想卻產生了恰恰相反的結果。它們達到的是安慰鎮定的作用而不是激怒，它們可以提升多項大腦能力的效率。即使五分鐘急躁的脾氣都可能對人體各個部分脆弱的細胞活力產生如此巨大的破壞，以至於需要數週或者幾個月的時間才能修復這些傷害。害怕、驚駭、恐慌屢屢將人的頭髮變白，並且在臉上刻下永不磨滅的歲月痕跡。

因此，當我們意識到這些情感以及各種形式的動物本性都在逐漸衰弱、逐漸低落的時候，當我們意識到它們在精神的王國裡進行著破壞，留下了傷疤並且製造了可怕的災難浩劫，意識到它們的醜惡以痛苦和折磨，相對的就是醜陋和畸形的形式在我們身體上展露出來時，我們就要像躲避瘟疫一樣避免它們。

神的旨意並不是人類應該遭受苦難，相反應該享受歡樂並且永遠幸福、活潑開朗、歡呼雀躍並且繁榮興旺。正是人類的不正當的思想習慣使得我們的種族退化墮落了。

所有那些對我們來說不協調的東西不過是缺少了神聖的和諧，就像黑暗本身並不存在，而只是缺少了陽光。當不協調逐漸消失，逐漸被和諧中和的時候，時機就到來了。

愛心、寬容、善心、親切、對於他人的友善，所有的這些都會喚起我們內心最高貴的情感。它們可以鼓舞人心、提升士氣。它們造就了健康、和諧和力量。它們都有助於我們成為心智正常的人，並且使我們置身於無限的和諧之中。

如果我們能保持頭腦的正直、誠實，使其遠離它的敵人邪惡、墮落的念頭和想像，我們就解決了科學上存在的問題。訓練有素的頭腦總是能夠在任何情況下提供和諧悅耳的音符。

每個人都在建造自己的世界，創造自己的周圍環境。人們可以用苦

難、恐懼、懷疑、沮喪和絕望來填滿它，這樣整個世界都會受到影響，變得昏暗和不幸。或者人們也可以透過驅散所有陰鬱沮喪的、忌妒的、懷有惡意的想法來保持自己周圍環境清澈、透明並且充滿甜甜蜜意。

在自己的頭腦中控制住那些長久存在的，不道德的思想，然後所有的不協調都會隨之消失。當頭腦中保持著創新的態度的時候，所有那些消極的東西陰影和不協調，都會消失殆盡。黑暗永遠不會出現在陽光的面前，不協調永遠不可能和諧共存。如果你在自己的頭腦中永久地保持和諧的思想，不協調就永遠都不會加入進來。如果你緊緊地依附著真理，謬見就會逃之夭夭。

修養是一種優質投資：

人生書單 × 美的教育 × 價值意識，自我升級不靠外物，內涵是你的第一步

作　　者：[美] 奧里森・馬登（Orison Marden）

翻　　譯：謝軍，譚艾菲

發 行 人：黃振庭

出 版 者：崧燁文化事業有限公司

發 行 者：崧燁文化事業有限公司

E-mail：sonbookservice@gmail.com

粉 絲 頁：https://www.facebook.com/sonbookss/

網　　址：https://sonbook.net/

地　　址：台北市中正區重慶南路一段六十一號八樓
　　　　　815 室

Rm. 815, 8F., No.61, Sec. 1, Chongqing S. Rd.,
Zhongzheng Dist., Taipei City 100, Taiwan

電　　話：(02)2370-3310

傳　　真：(02)2388-1990

印　　刷：京峯彩色印刷有限公司（京峰數位）

律師顧問：廣華律師事務所 張珮琦律師

國家圖書館出版品預行編目資料

修養是一種優質投資：人生書單
× 美的教育 × 價值意識，自我
升級不靠外物，內涵是你的第一
步 / [美] 奧里森・馬登（Orison
Marden）著，謝軍，譚艾菲 譯 . --
第一版 . -- 臺北市：崧燁文化事業
有限公司 , 2023.05
面；　公分
POD 版
譯自：Self investment.
ISBN 978-626-357-333-8(平裝)
1.CST: 自我實現 2.CST: 生活指導
3.CST: 成功法
177.2　　112005636

定　　價：320 元

發行日期：2023 年 05 月第一版

◎本書以 POD 印製

電子書購買

臉書